ビジネス英語の決定版!

聞くだけで ネイティブに伝わる ビジネス英語を 身につける CDブック

デイビッド・セイン

アスコム

INTRODUCTION
英語は耳から覚えた方が、
効率良く身につきます。

私はこれまで**数万人の日本人**に英語を教えてきました。

その中には、
会社の共通語が英語になった人、
海外転勤を言い渡された人、
海外出張に行くことになった人、
人事異動で上司が外国人になった人、
M&Aで外国人が同僚になった人、
取引先の担当が外国人になった人、
そして、**外資系への転職**を目指している人など、
ビジネス英語が必要になり、
私のところにやってきた方々がたくさんいらっしゃいます。

みなさんよくご存じのとおり、
いまの時代、仕事をするうえで、
英語を話すことが必須になってきています。

でも、仕事をしている方は
英語を勉強する時間がなかなか取れないですし、
そもそも英語が苦手、という方が
たくさんいらっしゃるのも事実。

では、どうしたら、
効率良く無理なく仕事で使える英語が身につくのか―

それを追求した結果が、この本です。

実は英語は、「**耳から覚えると効率が良い**」と言われています。
それは、英語が**音声が重要視される言葉**だからです。
音から覚えた方が、
英語の音を聞き取る習慣がつくし、
英語の音を真似できるようになるから、
すぐに使えるようになるという訳です。

そして、英語は、
毎日少しずつでもいいから
とにかく続けることが大切になります。

ですから、今回私が提唱するのは、
1日2、3分程度CDを聞くだけでもOKという方法。
忙しいビジネスパーソンが**スキマ時間を使って**
無理なく英語学習を続けられるよう工夫しました。
通勤時間や移動時間、ランチタイム、
出勤前の朝時間や休憩時間、帰宅後の自由時間など、
好きな時間に好きなように聞いてみてください。

もちろん、くり返し聞けば聞いた分だけ
テキストを使ってじっくり確認すれば確認した分だけ
上達は早くなります。
まずは、**とにかくCDを聞いてみてください!**
そして、ビジネス英語を自分のものにしてください!

デイビッド・セイン

INTRODUCTION
こんなシーンで
使える英語が身につきます!

あいさつをはじめとして、電話対応、上司への報告や連絡、相談、部下への指示や注意、経理の精算、仕事の依頼、商品の受注や発注、会議やプレゼン、商談など…
ビジネスでは円滑なコミュニケーションが必須。英語でも自分の言いたいことが相手にちゃんと伝えられるようになりましょう。

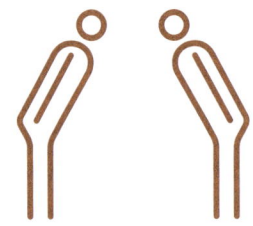

あいさつで
出社時の朝のあいさつから、外出する際の声かけ、帰宅する際のひと言まで、幅広く対応できます。

電話で
相手の顔が見えないため緊張しがちな電話ですが、よく使う英語フレーズを覚えておけばスムーズに対応できます。

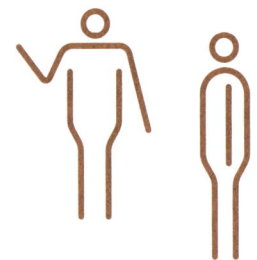

客の案内で
お客様が会社にいらした時に、ご案内からお見送りまで、スムーズにできるようになります。

プレゼンで
うまい導入のひと言やわかりやすいグラフの説明・商品解説など聞く人の心をつかむ魅力的なプレゼンができます。

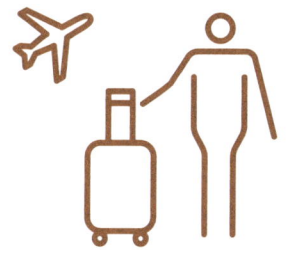

出張で

海外出張で使えるフレーズがたっぷり紹介されているので、自信を持って商談に臨めます。

顧客訪問で

失礼のない挨拶や、手土産の渡し方、上手な謝罪やお礼の表現などをおさえれば、訪問先でとまどいません。

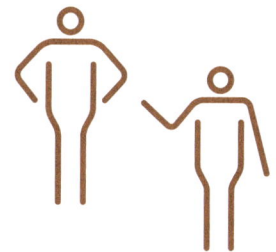

上司への報告で

仕事で報連相は欠かせません。上司に伝えるべきことを英語できちんと的確に伝えられるようになります。

同僚との雑談で

同僚と近況報告をしたり、励まし合ったり、愚痴を言い合ったり。気軽に英語で雑談ができるようになります。

会議で

司会進行役で会議をスムーズに進行したり、賛成反対など自分の意見をはっきり述べたりできるようになります。

面接で

外資系企業や海外企業を目指すなら、避けて通れない面接。基本的な表現等をおさえれば自信を持って挑めます。

CDの使い方

　1日1トラック、CDを聞くことから始めてみましょう。もちろん、もっと聞きたい人は何度くり返し聞いてもOKです。いつでもどこでも好きな時に聞いてください。

　日本語のあとに英語訳が流れるので、音声を聞くだけで英語の表現がわかります。また、繰り返し聞くことで英語のフレーズがどんどん身についていきます。

　テキストはCDを聞いた後に復習用に使うのがおすすめです。CDには、1トラックあたりそれぞれ4〜5ページ分のフレーズが入っています。以下に一覧をまとめています。また、テキストページにもトラック番号が表記されていますので、それらを参考にして、復習に役立ててください。

〈トラックNoと収録項目No〉

TRACK NO	収録項目NO	TRACK NO	収録項目NO	TRACK NO	収録項目NO
#01	001〜005	#11	054〜058	#21	104〜107
#02	006〜010	#12	059〜063	#22	108〜114
#03	011〜015	#13	064〜068	#23	115〜119
#04	016〜021	#14	069〜073	#24	120〜124
#05	022〜026	#15	074〜077	#25	125〜128
#06	027〜032	#16	078〜082	#26	129〜134
#07	033〜038	#17	083〜087	#27	135〜140
#08	039〜043	#18	088〜093	#28	141〜145
#09	044〜048	#19	094〜098	#29	146〜151
#10	049〜053	#20	099〜103		

※CDの総再生時間は約74分です。
※本書のCDは、CDプレーヤーでのご使用をおすすめします。パソコンなどでの使用の際、再生できない場合があります。
※ディスクはキズや汚れがつかないように注意してください。また、ディスクが破損したり、故障した場合、無理に補修したり、そのままプレーヤーで使用するのは避けてください。

テキストの使い方

　基本は音声を聞くだけでOKなのですが、英語をさらに深く理解したいときや、しっかり確認したいときに、テキストを使ってください。

　英文はもちろん、それぞれの英文を使う際のポイントや英単語の意味などについて解説もされているので、しっかり英語を頭に入れることができます。本書では日本語文のパートと英文のパートがわかれているので、英文部分を隠して日本語文だけを見てクイズ形式で確認することができます。

CDトラック番号
このページで紹介している日本語と英語フレーズが入っているトラック番号です。

CHAPTER 1　日常業務

001　朝のあいさつなら、この4フレーズ！
TRACK #1

CHECK
- ❶ おはようございます、ブラウンさん。
- ❷ 今日は絶好調みたいですね。
- ❸ 今朝は早いね。
- ❹ 週末休めた？

❶ Good morning, Brown-san.

朝のあいさつの定番ですが、実は日本語の「おはよう」とはやや温度差があります。上司や顧客にはGood morning.と言うべきですが、同僚に言うとあらたまって聞こえてしまいます。同僚に対してはMorning.もしくはHi! が最もよく使われる朝のあいさつです。

❷ You look ready-to-go today.

ready to goだと「(どこかへ)行く準備ができている」ですが、ready-to-goのイディオムで形容詞的な使い方になります。後ろにtodayがついて「今日を迎える準備ができている」「元気で意気込みがある」「バリバリ仕事をしそうだ」というニュアンスが伝わり、朝の声がけにはぴったりです。

❸ You're early today.

早めに出社したと思ったら、同僚/部下がすでに来ていた。そんな時にはこんな表現で朝のあいさつをするのも自然です。遅刻常習犯に言うと皮肉に聞こえますが、そうでなければ「今日も頑張ろう」という気持ちが伝わるでしょう。

❹ How was your weekend?

直訳は「週末はどうだった？」になりますが、職場でこう聞くと「週末楽しいことがあった？」や「週末はゆっくりできた？」というニュアンスになります。weekendはプライベートな時間を暗示しているので、これからまた一週間仕事で忙しくなるから「英気を養ったか？」という意味合いの声がけになります。

010

シチュエーション
ビジネスで英語が必要になる具体的なシチュエーションです。

日本語文
日本人なら覚えておきたい英語のフレーズを、ネイティブがシチュエーションごとに4つずつ厳選。ここではその日本語訳を載せています。英文と解説の部分を隠して、この部分だけを見て、英語で何というのかクイズ感覚で確認してみましょう。

英文と解説
ぜひとも覚えておきたい、ネイティブにちゃんと伝わる英語フレーズを紹介します。英語の表現や使い方などに関する解説もあるので、あわせてチェックしておきましょう。

INDEX

はじめに ……… 2

CHAPTER 1 日常業務 ……… 9
CHAPTER 2 同僚との会話 ……… 31
CHAPTER 3 会社で使えるスマート表現 ……… 49
CHAPTER 4 上司と部下の会話 ……… 61
CHAPTER 5 顧客応対と訪問 ……… 91
CHAPTER 6 電話対応 ……… 109
CHAPTER 7 発注・受注 ……… 125
CHAPTER 8 会議 ……… 133
CHAPTER 9 プレゼン・商談 ……… 149
CHAPTER 10 面接 ……… 163

MEMO ……… 175

[COLUMN]

1 Prefix 敬称 ……… 60
2 Positions 役職 ……… 108
3 Departments 部署 ……… 124
4 Phrases 会議の定番フレーズ ……… 148
5 Terms プレゼンや商談でよく使う用語 ……… 162

日常業務

出社してから帰るまでのあいさつや、
社内で仕事の会話を
する時に使うフレーズを
シチュエーションごとにまとめました。
出張・配属・人事・遅刻・欠席など、
日々の仕事の中で必ず
使うような言葉を収録しています。

CHAPTER

CHAPTER 1　日常業務

001　朝のあいさつ
なら、この4フレーズ！

TRACK #1

CHECK
- [ ] ① おはようございます、ブラウンさん。
- [ ] ② 今日は絶好調みたいですね。
- [ ] ③ 今朝は早いね。
- [ ] ④ 週末休めた？

① Good morning, Brown-san.

朝のあいさつの定番ですが、実は日本語の「おはよう」とはやや温度差があります。上司や顧客にはGood morning. と言うべきですが、同僚に言うとあらたまって聞こえてしまいます。同僚に対してはMorning. もしくは Hi! が最もよく使われる朝のあいさつです。

② You look ready-to-go today.

ready to go だと「(どこかへ) 行く準備ができている」ですが、ready-to-go のイディオムで形容詞的な使い方になります。後ろに today がついて「今日を迎える準備ができている」「元気で意気込みがある」「バリバリ仕事をしそうだ」というニュアンスが伝わり、朝の声がけにはぴったりです。

③ You're early today.

早めに出社したと思ったら、同僚／部下がすでに来ていた。そんな時にはこんな表現で朝のあいさつをするのも自然です。遅刻常習犯に言うと皮肉に聞こえますが、そうでなければ「今日も頑張ろう」という気持ちが伝わるでしょう。

④ How was your weekend?

直訳は「週末はどうだった？」になりますが、職場でこう聞くと「週末楽しいことがあった？」や「週末はゆっくりできた？」というニュアンスになります。weekend はプライベートな時間を暗示しているので、これからまた一週間仕事で忙しくなるから「英気を養ったか？」という意味の声がけになります。

002 帰る時のあいさつ なら、この4フレーズ！

TRACK #1

CHECK
- ❶ 失礼します。
- ❷ お先に失礼。
- ❸ じゃあね！
- ❹ お先です！

❶ I'm going now.

職場でこう言うと「これから帰ります」つまり「失礼します」という言い回しになり、特に失礼なことはありません。I'm leaving now. と言ってもいいでしょう。

❷ Take it easy.

「お疲れ様」でも同様のことが言えますが、「お先に」についても普通の別れの言葉を言えばよいでしょう。このような短いあいさつは、厳密な英訳でなくても大丈夫です。あまり気にせずに使いましょう。

❸ Bye now!

くだけた言い方で「じゃあね！」や「さよなら！」といったニュアンスになります。bye-byeでは少し幼い印象になるので、ネイティブはnowをつけて、Bye now! と言うことが多いです。

❹ I'm out of here.

かなりくだけた言い方も覚えておきましょう。I'm out of here. の直訳は「ここから出るよ」ですが、「やっと解放される」という含みもあり、同僚に対してはよく言う表現です。ほぼスラングになりますが、out of を縮めた outta を使って、I'm outta here! と言うこともあります。

CHAPTER 1　日常業務

003　帰る人へのあいさつ
なら、この4フレーズ！

TRACK #1

CHECK
- ❶ お疲れ様。
- ❷ ゆっくり休んで。
- ❸ 助かったよ。
- ❹ お仕事お疲れ様。

❶ See you tomorrow.

帰り際の「お疲れ様」は日本独特の言葉で、この常套句にあたる英語表現はありません。強いて言えば、通常の別れのあいさつ表現全般がそれに近いです。See you tomorrow. のほかには、Good night. や Have a nice weekend. などが当てはまります。

❷ Have a good evening.

Have a good evening. は「お疲れ様」にも使えます。また、Take it easy. と言ってもいいでしょう。

❸ Thanks for your help.

たとえば、上司や同僚から頼まれ事があり、時間をかけて仕事を終わらせた社員がいたとします。その人に対してかける言葉は、やはり Thanks for your help. が適切でしょう。

❹ Good work.

Good job! と似ていますが、Good job! がやった内容に言及するのに対し、Good work! は内容にかかわらず「よく働きました」「よくやったね」という含みがあり、「お疲れ様でした」という表現になります。ただ、やや上から目線に聞こえるので、同僚か後輩にだけ使いましょう。

004 外出時のひと言
なら、この4フレーズ！

TRACK #1

CHECK

- [ ] ❶ 行ってきます。
- [ ] ❷ 連絡が取れ次第出かけます。
- [ ] ❸ 戻りました。
- [ ] ❹ 途中、銀行に寄って来ました。

❶ I'm off.

I'm off. はよく使われる言葉です。I'm off to work. や I'm off to school. などを省略したフレーズで、シチュエーションによっては帰る際の言葉になります。この言葉を言われたら、会社から送り出す場合は、Good luck. や See you later. や Later. などで「行ってらっしゃい」と返します。

❷ I'll leave as soon as I contact them.

外出する際、行き先に確認を取ってから出ることがあります。「先方に連絡をしたらすぐに出発する」という意味で、as soon as を使ってこう表現できます。

❸ I'm back.

これは、「ただいま」にあたる英語で、会社でも使えますので、通常外回りから帰った人が会社に戻った時にこう言います。それに対する返事は How did it go? や Did you have a good day? などで応えることが多いです。「お疲れ様」とねぎらいつつ報告を聞くニュアンスです。

❹ I stopped by the bank on the way back.

「立ち寄る」の英語は、drop in もありますが、よく使われる表現に stop by があります。「帰る途中」を表すには、on the way back が適切です。

CHAPTER 1 日常業務

005 出張について話す なら、この4フレーズ！

TRACK #1

CHECK

☐ ❶ 大野は今ロサンゼルスに出張中です。

☐ ❷ いつから出張ですか？

☐ ❸ 彼は出張中です。

☐ ❹ 彼は出張で土曜日まで帰ってこないよ。

---

❶ **Ono-san is now in Los Angeles on business.**

be on business で「出張中である」という意味です。出張先を伝える場合は、in（地名）on business で「出張で（地名）にいます」つまり「（地名）へ出張中です」となります。

---

❷ **When are you going to leave on your business trip?**

「いつから？」と尋ねる時に from when を使うこともできますが、少し堅くなります。「いつ〜する？」と言ったほうが自然でしょう。「出張」は、business trip が一般的によく使われます。

---

❸ **He's away on a business trip.**

現在出張中だと告げる場合は、on a business trip の前に away を添えると、社から離れていてここにいないという状況を、自然に伝えることができます。

---

❹ **He's on a business trip until Saturday.**

「土曜日まで」は、特にくわしい説明がなければ、次の（一番近い将来の）土曜日 this (coming) Saturday のことだとわかります。次の土曜でない場合は、Saturday of next week や next Saturday, the 12th などと言って誤解を回避することができます。

014

006 異動について話す
なら、この4フレーズ！

TRACK #2

CHECK

☐ ❶ 上海へ転勤することになりました。

☐ ❷ シアトル支社への異動が決まったよ。

☐ ❸ 斎藤さんが地方の支店にとばされたって。

☐ ❹ 本社から異動してまいりました田中 宏です。

---

❶ I've been transferred to Shanghai.

社内で異動がある時は、transfer を使います。これに地名を添えると「転勤」になります。また、転勤になることを伝えるには、transfer を使わなくても、いつからどこで働くと言うだけでも表現できます。たとえば、I'll start working at the Osaka headquarters from next month. と表現します。

❷ I've been assigned to work at the Seattle branch.

assign は「割り当てる」のほかに「配属する」という意味があります。「異動になる」という時は受動態にすることで、be assigned to...「〜に異動になった」と表現できます。

❸ Saito-san got sent to a branch in the boondocks.

人に対してsend を使うと、「（命令によって）行かされた」という印象が伝わり、「左遷された」となります。the boondocks の意味も「田舎」「僻地」とややバカにした感じになるので、状況によって使いましょう。

❹ My name is Hiroshi Tanaka. Before coming here, I worked at headquarters.

新しい部署で自己紹介をする場合、まずこのような言い方をすればいいでしょう。「本社」は、headquarters や main office と言います。

CHAPTER 1 日常業務

007 配属について話す
なら、この4フレーズ！

TRACK #2

CHECK

☐ ❶ 企画部への配属を希望します。

☐ ❷ システム開発部への配属が決まりました。

☐ ❸ 私は営業部に配属されました。

☐ ❹ 海外への配属が目標です。

---

❶ I'd like to work in the Planning Department.

「〜への配属の希望をする」は、シンプルに I'd like to ...「〜で働きたい」と言ってOKです。「営業部」は、Sales Department、「人事部」は Human Resources で、よくHRという略称で使われます。

---

❷ I've been assigned to the System Development Department.

be assigned to で「〜に配属される」という意味です。配属が決まったのは過去から今までのことなので、過去形の I was assigned to work in the... と言ってもOKです。

---

❸ I was sent to the Sales Department.

be sent のほか、be put into も「〜に配属される」という表現に使えます。put into は、何かを何かに込めるとか、何かをある状態にさせる時のイディオムですが、人に対しても使えます。

---

❹ My goal is to be sent overseas.

「〜される」be sent を使って「海外へ」は overseas を添えればOKです。また、My goal is an overseas assignment. とも言い換えられます。

008 人事について話す
なら、この4フレーズ！

TRACK #2

CHECK
- ❶ 最近人手が足りないですね。
- ❷ 新しい人材を募集しましょう。
- ❸ 求人広告を出しましょう。
- ❹ 多く集まりますよ。

---

❶ We've been short-handed lately.

「人手不足」は、形容詞の short-handed を使って表せます。understaffed でもOKです。ちなみに、understaffed の逆は overstaffed です。

---

❷ Let's recruit a new employee.

日本語でもおなじみの「リクルート」recruit で「募集をかける」という意味ですが、仕事でなくても「誰かに依頼する」時にも使えます。

---

❸ Let's put up a help-wanted ad.

「求人」は help-wanted、「広告は」advertisement の略で ad をよく使います。

---

❹ A lot of applicants should come.

「きっと〜する」というポジティブな気持ちをこめて言う時、ネイティブはよく should を使って表現します。I'm sure we'll get a lot of applicants. という内容ですが、「きっと〜だ」「〜に違いない」のほかに「〜しないはずがない」という含みも込められるので、励ましのニュアンスにもなります。

017

CHAPTER 1 日常業務

009 退職について話す
なら、この4フレーズ！

TRACK #2

CHECK
- [ ] ① 来月、定年退職します。
- [ ] ② 会社から肩たたきを受けています。
- [ ] ③彼は病気で退職したんです。
- [ ] ④ 田中さんは（その地位を）辞任しました。

① I'm going to retire next month.

日本語でも「リタイアする」とよく耳にしますね。「退職する」だけだと、自発的に辞めることを意味する resign になりますが、時期が来て「定年退職する」場合はこの retire を使います。

② My company is trying to force me out.

「肩たたき」とは、強くではないけれど、退職を迫ることなので、try to force me out や pressure me to quit などを使います。

③ He quit due to illness.

「病気で」は「病気が原因で」という意味なので、due to を使って表現できます。because of とほぼ同じ意味ですが、due to のほうがオフィシャルな場面で使われることが多く、また残念な内容を伝えるのに適しています。

④ Tanaka-san resigned.

同じ「辞める」でも、コンピューターのプログラムを終了したり、禁煙した時など、広い意味で使われる quit と違い、ある地位から退く場合は、resign「〜を辞任する」を使います。役職だけでなく、政党や軍隊から離れる場合にも使われます。

010 昇進について話す なら、この4フレーズ！

TRACK #2

CHECK
- ❶ このたび統括部長に昇進しました。
- ❷ 昇進おめでとうございます。
- ❸ 彼女は昇進候補です。
- ❹ 彼は昇進の資格があると思います。

❶ I've been promoted to General Manager.

「〜に昇進する」は、be promoted to... や get promoted to... を使います。「栄転」の場合も同様です。

❷ Congratulations on your promotion.

祝福する時の表現は、Congratulations on... ですが、これを言われた時には、躊躇せず明るく Thank you! と返しましょう。

❸ She's in line for a promotion.

「（昇進などの）見込みがある」「（昇進などの）候補である」という場合の言い方です。be in line for... で「〜の候補だ」という表現になります。He was in line to become president. だと「彼は次期社長になるはずだった」という意味です。

❹ I think he's qualified for a promotion.

ビジネスでよく使う表現が、be qualified for... 「〜（に値する）資格がある」です。「〜の資格がある」というのは「〜に適任だ」という意味にもなるので、「彼はこの仕事に適任です」は、He is qualified for this job. と表現できます。

CHAPTER 1 日常業務

011 給与について話す
なら、この4フレーズ！

TRACK #3

CHECK
- ❶ うちは20日が締め日です。
- ❷ 給料日は毎月25日です。
- ❸ 順調にいけば、昇給は年1回です。
- ❹ ボーナスは通常年2回支給されます。

---

❶ We close our books on the 20th of each month.

締め日のことを、cutoff day と言いますが、この言葉が思いつかない時は、「帳簿を締める」という意味で、close the books を使うことができます。

❷ Our payday is on the 25th.

覚えやすいと思いますが、「給料日」は payday です。または We get paid on the 25th of each month. などの言い方もあります。

❸ We get annual pay raises, if all goes well.

「昇給」は、salary raise や wage increase とも言いますが、よく使われる言葉は、pay raise や get a raise です。たとえば「彼は7月に昇給した」は、He got a raise in July. と表現できます。

❹ We usually get two bonuses a year.

bonusには、「賞与」だけの意味でなく「思いがけない贈り物」として表現することもあります。音楽の bonus track は、後者の意味です。

012 | 経費について話す
なら、この4フレーズ！

TRACK #3

CHECK

- ❶ 交通費は前払いします。
- ❷ 交通費は自分で計算するんですよ。
- ❸ 先週の出張で使った経費の報告書です。
- ❹ これでは経費で落とせません。

---

❶ You can get advance compensation for travel expenses.

「交通費」は、compensation for travel expenses, transportation cost, traffic expenses などの言い方がありますが、どれでも相手に伝わります。

---

❷ You need to figure out your travel expenses.

「計算する」は、calculate のほかに figure out が使えます。後者は、数学的に算出して数字を出すことのほかに「把握する」という意味もあります。

---

❸ Here's the expense report from my trip last week.

「出張」は business trip と言えば問題ないですが、話しているシチュエーションによっては、ただの trip でも相手に伝わります。

---

❹ We can't write this off.

「XXを経費で落とす」は write XX off で覚えておきましょう。不自然な領収書を見たら、すかさず can't write this off と言って注意することも大切です。

CHAPTER 1 　日常業務

013　銀行について話す
なら、この4フレーズ！

TRACK #3

CHECK
- [ ] ❶ どうぞ、給与明細です。
- [ ] ❷ 銀行で記帳してきてください。
- [ ] ❸ 銀行へ振り込みに行ってきます。
- [ ] ❹ 銀行でお金をおろしてきます。

---

❶ This is your pay stub.

「給与明細」は、pay stub または payment と言います。手渡す時に使うので、すぐ覚えられる英単語でしょう。paycheck stub, pay statement など、いくつかほかの言い方もあります。

❷ Could you go to the bank and update the bank book?

「記帳」で辞書を引くと sign という言葉が出てきますが、ほかの言葉で言い表せます。記帳するということは、新しい詳細を加えることですから、update the bank book で表現することができます。

❸ I'll go deposit this in the bank.

「銀行にXXを振り込む」は、deposit XX を使います。put XX in the bank や、pay XX in the bank と言うこともあります。

❹ I'm going to the bank to make a withdrawal.

「銀行で〜してくる」と伝えたい時は、I'm going to the bank の後にその内容を付け足せば表現できます。「お金を引き出す」には、to make a withdrawal、「両替する」には to get change や to change money などを使って、さまざまな応用ができます。

014 請求書について話す
なら、この4フレーズ！

TRACK #3

CHECK

- ❶ ABC社から請求書が届いています。
- ❷ ABC社に請求書を出してくれますか？
- ❸ 請求書の金額が間違っていますよ。
- ❹ 先月の振込み額に誤りがあるようです。

---

❶ I got a bill from ABC.

「請求書」は、bill のほかに invoice もよく使われます。ただし、invoice には請求明細書も含めて言うこともあるので、「払うべき金額が明記してある請求書」という意味では、bill を使います。

---

❷ Could you send an invoice to ABC?

「請求書を作る」は、bill to... や make an invoice ですが、「請求書を送る」は、send an invoice で伝わります。「この内容で」と添えるには、based on this や with this information を使います。

---

❸ The amount on this invoice is wrong.

請求書の内容に間違いがあった場合、This invoice is wrong. と言ってその内容に関して告げればよいですが、金額の間違いに関しては、the amount「合計額」を使って指摘します。

---

❹ It looks like the wrong amount was deposited in my account.

受取額に異論がある時もあります。「誤りがある」は、wrong や there was a mistake を使い、やや遠慮がちに it looks like や I think で話しかけると相手に失礼がありません。間違いが給与振込にあった場合は、in my account や with my last check を使えばOKです。

023

CHAPTER 1 日常業務

015 早退について話す
なら、この4フレーズ！

TRACK #3

CHECK

☐ ❶ 本日早退させていただいてもよろしいですか？

☐ ❷ 今日は私用のため早退しました。

☐ ❸ きみは早退の理由を私に言わなかったじゃないか。

☐ ❹ 身内に不幸がありまして。

---

❶ Would you mind if I left a little early today?

許可を求める表現はいくつかあります。May I や Can I も相手によっては問題ないですが、Do you mind ...? と切り出すと相手は悪い気はしません。Would you mind ...? ならもっと気を使っている印象になります。丁寧でスマートな言い方 Would it be all right / okay if...? の形も覚えておくと応用が効きます。

❷ I left work early today for personal reasons.

「〜のために早退する」は、leave work early for... を使います。「私用」は personal reasons がいいですが、private business という表現もあります。この business は「商売」という意味でなく「用事」です。

❸ You didn't tell me why you left work early, did you?

早退をするには理由を報告しなければなりませんね。もし、部下に対して言うならば、tell me を report to me と言ってもいいですが、たとえば、早退した同僚に「共通の知り合いの見舞いで早退するのだったら自分も行ったのに」というような時なら、tell を使うとよいでしょう。

❹ A close relative passed away.

早退や休暇の理由は、事情によってはストレートに言ったほうが伝わりやすいです。「亡くなる」は、pass away がスマート。There has been a death in my family. でも OK。「私事で恐縮ですが」と添えたい時は、I'm afraid it's a very personal matter. と言うと丁寧です。

016 休みについて話す
なら、この4フレーズ！

TRACK #4

CHECK
- ❶ 明日お休みをいただきたいのですが。
- ❷ 休みを明日に変えてもらってもいいですか？
- ❸ 吉田さんから電話があり、風邪で寝込んでいるそうです。
- ❹ 有給休暇の申請をしたいのですが。

---

❶ I'd like to take tomorrow off.

「休みを取る」は、take XX off を使います。たとえば「1日休みを取る」は take a day off、「金曜日に休みを取る」で take Friday off、「明日休みを取る」なら take tomorrow off となります。ほかにも「半休を取る」や「1週間休みを取る」などいろいろと応用ができます。

---

❷ Could I shift my vacation to tomorrow?

あらかじめ取った休みの変更を頼みたい時は、shift XX to を使うことができます。「休み」は、day off のほかに holiday も OK ですが、vacation もよく使われます。

---

❸ Yoshida-san called and said he's down with a cold.

「寝込む」とは、病気になったということなので、be sick in bed などの表現でもよいですが、be down や come down でも OK です。with XX をつければ、「XX で（病気のため）寝込んでいる」と伝わります。

---

❹ I'd like to apply for paid leave.

「〜を申請する」は apply for... を使います。似たような言葉の apply to... では「〜適応する」という意味になり、有給休暇には当てはまりません。

CHAPTER 1　日常業務

017　遅刻について話す
なら、この4フレーズ！

TRACK #4

CHECK
- ❶ 電車が遅れまして。
- ❷ 事故で電車が止まったんです。
- ❸ すみません、寝過ごしました。
- ❹ 息子を病院に連れて行かなければならなかったんです。

❶ The trains were delayed.

遅刻の理由に「電車が遅れた」があります。自分が電車に乗り遅れた場合は、I missed my train. となりますが、電車が通常に走っていなかったためにやむなく遅れた場合はこのフレーズを使います。

❷ There was an accident and the trains stopped running.

電車事故に関する理由の場合、accidentを使って、電車が止まったことを伝えます。もし、人身事故によるものならば、accident causing injury or death を使って表現をすることができます。

❸ Sorry, I overslept.

寝過ごしてしまったなら、率直に謝ることが大事です。「寝過ごした」はoversleepの過去形、oversleptを使います。間違ってslept overと言ってしまうと「外泊した」となるので要注意です。

❹ I had to take my son to the hospital.

子供を急に病院に連れて行くこともあると思います。詳細は言わずとも、had to take XX to the hospital と言えばおおよそ理解してくれるはずです。

018 遅刻等を注意する
なら、この4フレーズ！

TRACK #4

CHECK

- [ ] ❶ また遅刻か。
- [ ] ❷ 最近遅刻が多いですね。
- [ ] ❸ これ以上遅刻を甘く見るわけにはいかないよ。
- [ ] ❹ 休んでばかりじゃない？もっと責任を持ってくれないと困るよ。

❶ You're late again.

何度も遅刻する相手をとがめる時には、このように率直に言って構いません。もし単に「遅れたね」と告げる場合は、You're a little late. と言えば、柔らかいニュアンスで表現することができます。

❷ Recently you've been late too often.

相手の勤務態度を非難し、気を引き締めてほしいと強く言う時に効果的な表現です。「最近」を強調するために have been late を使って、遅刻が続いている状態を表します。

❸ We can't tolerate lateness in the future.

「甘く見る」「大目に見る」は you being late とも言えますが、can't tolerate を使うと「耐えられない」「我慢の限界だ」のニュアンスが含まれます。相手の怠慢を非難するにはストレートな表現です。

❹ Your attendance is poor. You've got to be more responsible.

「欠勤が多いね」というニュアンスで、You've been absent too much. とも言えますが、英語では逆の言い方で表現することもよくあります。「欠勤が多すぎる」は「出勤がじゅうぶんでない」と置き換えることができるので、poor を使ってこのように表現するのがスマートです。

CHAPTER 1 日常業務

019
TRACK #4

直帰について話す
なら、この4フレーズ！

CHECK
- ❶ 直帰させてもらってもよろしいでしょうか？
- ❷ できたら直帰したいのですが。
- ❸ 急用がありまして。
- ❹ 急にやらなければならないことができてしまいまして。

---

❶ Would it be all right if I went straight home?

丁寧に許可を求める時には、Would it be all right if...? が適切な表現です。仮定法を使って「～しても」と下手に出る言い方です。「直帰する」は、go straight home と言い表せます。

---

❷ I need to go right home, if that's okay.

if that's okay を添えると、柔らかく伝えることができます。よほどのことがなければ、相手は耳を傾けてくれるでしょう。「もしよろしければ」というニュアンスを伝えるには、mind「気に障る」「ダメだと思う」を否定形の if you don't mind にすることで相手の許可を求めることができます。

---

❸ Something came up.

具体的な理由を言わなくても、「急用ができて」と告げる場合もあります。「予期せぬ何か」によって帰るわけですから、Something came up. で通じます。また、「緊急事態」「急用」を表す emergency を使い、I had an emergency. も効果的な言い回しです。

---

❹ I have to take care of something in a hurry.

in a hurry は「急に」「大急ぎで」という意味で、覚えておくと大変便利な表現です。

020 残業について話す
なら、この4フレーズ！

TRACK #4

CHECK
- ❶ 今日、残業してもらえる？
- ❷ サービス残業はもううんざりだ。
- ❸ 残業手当は、特権ではなく権利です。
- ❹ 今日の仕事はほとんど終わったよ。

❶ Could you work overtime today?

残業を頼むのは、たいてい部下か同僚に対してです。威圧感なく、またへりくだりすぎない Could you...? は最適な表現となります。Will you...? でも OK です。

❷ I'm fed up working overtime for no pay.

「サービス残業する」は、work overtime for free とも表現できます。「うんざりだ」は、be fed up や be tired of または be sick of がよく使われます。have up to でも OK です。

❸ Overtime pay is a right, not a perk.

a perk とは a perquisite の略語で「通常の給与とは別に支払われる特権的なお金」「役得」「恩恵」のこと。しばしば複数形 perks が使われます。ここでは「残業手当は正当な受給権利がある」ことの強調表現として、not a perk を使います。

❹ I'm almost finished for today.

almost を使うと、まだ終わり切っていないが「もうそろそろ」終わるという状況を表します。I'm almost finished. や I'm almost done. または、I'm almost finished my shift for today. で、仕事が終わりに近いことを告げます。

CHAPTER 1 日常業務

021 不満を訴える なら、この4フレーズ！

TRACK #4

CHECK

- ❶ 今回の人事異動には納得できません。
- ❷ 同僚が私のプロジェクトを妨害したんです。
- ❸ 上司から正当な評価をいただけませんでした。
- ❹ ほかの社員より、残業が多すぎると思います。

---

❶ I don't understand this personnel change.

「人事異動」は、personnel change のほか、employee movement や personnel rotation や employee movement や personnel shuffle など、いろいろな表現を使うことができます。

❷ A co-worker sabotaged my project.

フランス語が語源の sabotage は、日本語の「サボる」意味はなく、「妨害する」または「破壊する」行為を表す動詞です。同僚によって被害を受けたことを訴えているので sabotage でいいですが、妨害を受けたことを強調したいなら on purpose や purposely を使うこともできます。

❸ I didn't get a fair evaluation from the boss.

日々頑張って働いているのに、成果を認められていないと感じた場合はこんな言い回しも効果的です。「正当な評価」とは、「正当な査定」と言いかえることができるので、a fair evaluation を使って表現します。

❹ I think I do more overtime work than other employees.

職場環境の改善には、ちゃんと主張することも大切です。「残業する」は do overtime、「〜より多い」ので do more overtime than... という言い回しができます。

同僚との会話

同僚と会話をする時に使える
フレーズを紹介します。
同僚との会話なので、
かしこまった言い方になりすぎず、
カジュアルでフレンドリーな
表現をまとめています。

CHAPTER 2

CHAPTER 2　同僚との会話

022
TRACK #5

同僚に呼びかけるなら、この4フレーズ！

CHECK
- ❶ 時間ある？
- ❷ ちょっといい？
- ❸ 一瞬お願い！
- ❹ ごめん、ちょっと。

❶ Do you have a minute?

「時間ある？」と聞きたい時に、うっかり Do you have the time? と言ってしまうと「今何時？」という意味になるので要注意。上司に聞くなら丁寧に Could I have a few minutes of your time? がいいですが、同僚に対してならこのフレーズでOKです。

❷ Could I have a second?

「ちょっといいかな？」は「ちょっと話す時間ある？」というニュアンスです。Do you have a minute? と同じように使えますが「ちょっとこっち来て」などの時を含め、いろいろな状況で使えるので、覚えておくと便利なフレーズです。

❸ Gotta sec?

Could I have a second? のカジュアルな形です。Gotta sec? の gotta は got a の短縮形です。後につく second も短縮形の sec を使うとネイティブっぽく聞こえます。同僚や部下には躊躇なくどんどん使ってみましょう。

❹ Sorry, but do you have a second?

sorry は excuse me よりも丁寧な謝り方だという認識があるかもしれませんが、こんなふうにすぐに次の言葉をつなげると、相手を呼び止めながらも「ちょっと」というかしこまらない印象にとどめることができます。Sorry, but... の形で覚えておくと便利です。

023 | 同僚に問いかける なら、この4フレーズ！

TRACK #5

CHECK
- [ ] ❶ やあ、どう元気？
- [ ] ❷ 最近どう？
- [ ] ❸ 新しい部署はどう？
- [ ] ❹ 最近忙しいの？

❶ Hi, how are you doing?

同僚同士でかけ合うあいさつはカジュアルでOK。How are you? はやや堅く聞こえることもあるので、ちょっとだけてHi, how are you doing? や Hey, how's it going? がよく使われます。

❷ What's new?

「最近どう？」「変わったことない？」といったニュアンスで話しかける時は、What's new? がよく使われます。カジュアルな使い方なので、同僚同士で交わされる自然な表現です。返し方としては、「相変わらずだね」だと、Nothing much. や Not much. がよく使われています。

❸ How do you like your new position?

How do you like...? は相手に感想を聞く時によく使う表現で、「〜はどう？」というニュアンスになります。How do you like your new position? は、直訳では「新しい部署はどのように好き？」ですが、「新しい環境には慣れた？」「うまくいってる？」というニュアンスが含まれます。

❹ Have you been busy lately?

lately は、these days に言い換えることができますが、その場合は、現在形にし、Are you busy these days? としましょう。ちなみに、nowadays でも意味は同じですが、社会現象に関して使ったりする語なので、「昨今では」といった堅い印象になります。

CHAPTER 2　同僚との会話

024 同僚に調子を伝える なら、この4フレーズ！

TRACK #5

CHECK

☐ ❶ 最高だよ！

☐ ❷ まあまあかな。

☐ ❸ 少し疲れちゃった。

☐ ❹ そうでもないけど。

❶ Never better!

「最高だよ」「ばっちりさ」と言いたい時に、Never better! がよく使われます。Couldn't be better. も同じニュアンスで言われます。「最近どう？」などの、How で始まるあいさつの返答としてよく使う表現です。

❷ So-so.

特別良くも悪くもない時、So-so. は「まあまあかな」「そこそこ元気ですよ」というニュアンスで、よく使われる一言です。意見や感想を聞かれた時などにも使うことができます。

❸ I'm a little tired.

「ちょっと疲れ気味なんだ」というニュアンスです。I'm a bit tired. や I'm a little bit tired. I'm feeling a little tired. も同じように使えます。とても疲れている場合は、I'm so tired. や I'm exhausted. など、いろいろな表現があります。

❹ Not really.

相手が何か聞いた時、たとえば「忙しそうだね」「大変そうだね」などに対して答えます。「いいやあんまり」というニュアンスです。Not very. や Not quite. と言ってもOKです。

025 | 同僚に話しかけるなら、この4フレーズ！

TRACK #5

CHECK
- ❶ 聞いてくれる？
- ❷ そう言えば…。
- ❸ あのさ。
- ❹ ニュース聞いた？

❶ Guess what?

直訳は「何だか言い当ててみて」ですが、「何だと思う？」「知ってる？」という意味で、これから話すことに興味を引かせる言い方です。あまり深くない内容でもこう聞くので「聞いてよ」といったニュアンスになります。Guess what? と言われたら、What? で答えるのが定番です。

❷ Say, ...

hey と同じように、「ねえ」「おい」と相手に呼びかける時に使う言葉ですが、次に何かを話し始める雰囲気を持たせると、「そう言えばさ」といったニュアンスが伝わり、相手が耳を傾けてくれるはずです。

❸ Hey, listen.

「ねえ、聞いて」という意味ですが、親しい間柄なら「あのさ」「ねえねえ」と話し始めるきっかけになる言葉です。相手は「いいよ、で？」と構えるはずなので、できる限り素早く内容を伝えましょう。

❹ Did you hear the latest?

the latest で「最新のもの」という意味になります。状況によって何が最新のことなのかわかります。この場合は hear が前にあるので最新ニュース／情報と伝わるので、これだけでOKです。

CHAPTER 2　同僚との会話

026 同僚に聞き返す
なら、この4フレーズ！

TRACK #5

CHECK
- [ ] ❶ ごめん、聞こえなかった。
- [ ] ❷ 今何て言ったの？
- [ ] ❸ ウソでしょ？
- [ ] ❹ 本気で言ってるの？

❶ Sorry, I couldn't hear you.

相手の発言の最後の言葉が聞き取れなかった場合は、ちゃんと聞き返しましょう。Excuse me, what did you say? と言い換えることもできます。また、I didn't catch... 「～がわからなかった」という言い回しを使い、I didn't catch that. と言うこともできます。

❷ What did you just say?

just を添えると「たった今言ったことは何？」という印象になります。ほかには、Pardon me? あるいは単刀直入に What was that?「何と言ったのですか？」でもOKです。

❸ Are you kidding?

「からかう」「冗談を言う」という意味の 動詞 kid はよく使われる単語です。通常、be kidding の形で、joking と同じ意味で使われます。ほかにも、You're kidding, aren't you? や You're kidding me! などが同じ意味で使われます。

❹ Are you serious?

相手が言ったことが信じられない、という時に返す表現です。serious は「本気の」「冗談でない」という形容詞。「ホント？」「マジで？」に近いニュアンスです。

027 | 同僚を慰める
なら、この4フレーズ！

TRACK #6

CHECK
- [ ] ❶ 本当にそうだよね。
- [ ] ❷ あなたの責任じゃないって。
- [ ] ❸ 自分を責めないで。
- [ ] ❹ そんなふうに考えちゃだめだよ。

❶ I know what you mean.

直訳すると「あなたの言っている意味がわかる」というこの表現は、相手に同意する時によく言います。相手が話した内容に対し「本当にそうだよね」「わかるわかる」「同感だ」というニュアンスになります。

❷ It's not your fault.

相手にとって何かよくないことが起こった時に励ますのによい表現です。「あなたの責任でない」「あなたのせいじゃない」と言う場合もそうですが、責任の所在が不確かなことなのに相手が気にしている場合も「あなたが悩むことじゃないよ」と声をかけることもできます。

❸ Don't blame yourself.

「〜のせいにする」「〜を非難する」という意味の blame を使い、Don't blame yourself. となります。最後に like that をつけて「そんなふうに〜」と言うこともよくあります。

❹ Don't think that way.

that way は「そんなふうに」という使い方で、Don't talk that way.「そんな話し方するな」などのような表現に使うことができます。Don't think that way. には「もっと前向きに考えましょう」というポジティブなメッセージが込められています。

CHAPTER 2　同僚との会話

028 同僚を元気づける
なら、この４フレーズ！

TRACK #6

CHECK
- ❶ よくあることだよ。
- ❷ それでよかったんだよ。
- ❸ そういうこともあるよ。
- ❹ とにかくやるだけやればいい。

❶ That happens.

It happens. とも言うフレーズで、「そんなことは起こりうるさ」つまり「よくあることだ」という意味です。後に all the time をつけると「そんなことはしょっちゅうさ」となり、強調されます。「だからいちいち気にするな」というメッセージも含んでいるので、励ましのフレーズになります。

❷ It's for the best.

同僚を励ますには、相手を肯定することが大事です。「結局それがベストなんだよ」「それでよかったんだよ」といったニュアンスの言い回しです。相手に少しでもポジティブに考えてもらいたいという、思いやりが込められています。

❸ That's just life.

直訳は「それが人生さ」ですが、「人生ってそんなものだよ」つまり「いろんなことがあるんだからじたばたしなくていいよ」という教訓めいた言い方です。相手に何かよくないことが起こった時に、相手を前向きにさせる言葉です。

❹ Just do your best.

「ベストを尽くす」という意味の do one's best を人に対して使うと、単に「頑張って」と励ますよりももっと強く伝えることができます。文頭に just をつけると、「とにかく精一杯やるだけやれば後悔しないだろう」というニュアンスになります。

029 同僚を励ます
なら、この4フレーズ！

TRACK #6

CHECK
- ❶ みんな応援しているよ。
- ❷ 元気出しなよ！
- ❸ なるようになるって。
- ❹ 前向きに考えなきゃ！

❶ We'll be cheering for you.

「応援する」は、いろいろな表現ができますが、ここでは同僚として相手を応援するというニュアンスなので、cheering for you が適しています。未来形を使うのは、今だけでなくずっと応援している気持ちの表れです。

❷ Cheer up!

cheer for 〜 で「〜を応援する」という使い方がありますが、cheer up「元気づける」という句動詞もあります。Cheer up! で「元気を出せ！」という意味になります。それだけでは突き放した印象になるかもしれないと感じる場合は、Nothing's going right today. などを添えるのもいいでしょう。

❸ Just let it go.

自分のミスを気に病んでる同僚がいたら、Just let it go. と言ってあげるといいでしょう。「そのことばかり考えても仕方がない」「それ以上追求しないほうがいいよ」「放っておきなさい」というような励ましの言葉です。

❹ Think positive!

positive は形容詞なので、文法的に正しい表現は、副詞の positively を使った Think positively. ですが、ネイティブは Think positive! と言うことが多いです。アドバイスとして強い印象を与えるため、このまま使うといいでしょう。

CHAPTER 2 同僚との会話

030 同僚と雑談する なら、この4フレーズ！

TRACK #6

CHECK
- ❶ ちょっと先に行ってて。
- ❷ 私はそれでいいよ。
- ❸ 昨日はごめんね。
- ❹ 祈っててー！

❶ I'll be there soon.

相手より少し遅れて到着する場合には、「私もすぐに着くから」「先に行ってて」というニュアンスの I'll be there soon. が使えます。「あなたを待たせるほどでなくほぼ同じ頃に着くよ」という気遣いの言葉です。

❷ It's okay with me.

このフレーズのほかに It's okay by me. という言葉もよく使われます。これらは「何が何でもそれがいい」ではなく「それでいいよ」くらいのニュアンス。I don't mind. と言うこともあります。

❸ I'm sorry about yesterday.

ささいなおわびの場合は、I'm sorry about... で伝えます。昨日のことなら、くわしく言わなくても about yesterday で相手に伝わります。

❹ Wish me luck!

よく使われる表現に Good luck! がありますが、これは I wish you good luck. を縮めた形です。つまり「あなたの幸運を祈る」ということから、日本語では「頑張って」と訳されます。一方、何かに挑戦する時などに、それを話した相手に Wish me luck! と言うと「頑張ってくるよ！」という意思表示になります。

031 家族について話す
なら、この4フレーズ！

TRACK #6

CHECK

- [ ] ❶ お母さんのことを聞いたよ。よくなるといいね。

- [ ] ❷ お父さんは元気にしてるの？

- [ ] ❸ 家族の皆さんによろしくね。

- [ ] ❹ お嬢さんが1日でも早く退院できますように。

---

❶ **I heard about your mother.**
I hope she's feeling better.

同僚の親の心配をする際、heard about your mother/father が無難。hear about は「～について聞く」ですが、不運なことを指すことが多いです。

---

❷ **How about your father?**

唐突に使うこともありますが、通常、ほかの話をした後に、How about...? で話題を変えることができます。状況が不自然でない場合、前の文に関連した内容が多いです。

---

❸ **Give my best regards to your family.**

「敬意」という意味の regard が複数形になると「敬意の念」としてあいさつに使われます。手紙やメールの最後に Best regards, や My best regards, と書けば「かしこ」「敬具」となり、会話の中では My best (regards) to... で「～によろしくお伝えください」となります。

---

❹ **I hope your daughter can leave the hospital soon.**

「退院する」は、be discharged (from the hospital) または leave the hospital と言うことができます。逆に、「入院する」と言うには、be hospitalized や enter the hospital などを使います。

CHAPTER 2　同僚との会話

032
TRACK #6

緊張を伝える
なら、この4フレーズ！

CHECK
- ☐ ❶ すごく緊張してきた。
- ☐ ❷ もう逃げられないや。
- ☐ ❸ のどまで出かかっているんだけどね。
- ☐ ❹ 言いたいことの半分も言えないよ。

---

❶ I'm getting really nervous.

プレゼンの発表や上司に呼び出された時など、緊張する場面は多くあるはずです。このフレーズ以外にも、「心臓がドキドキしている」と言いたい時には、My heart is racing. がいい表現です。race という動詞には「競走する」「レースに出る」のほかに「心臓が速く鼓動する」という意味があります。

---

❷ It's too late to back out.

「もう逃げられない」は「逃げるのには遅すぎる」で表現できます。「逃げる」は escape や get away などがありますが、それらは「逃亡する」という行為の言い回し。やらなければならないことからの「逃げる」には、back out で「後退して手を引く」という意味の句動詞が適切です。

---

❸ It's on the tip of my tongue.

「それは私の舌の先にある」が直訳ですが、これは、日本語で言う「ああ、のどまで出かかっているのに…」「わかっているのに思い出せなくて…」というひと言になり、少しじれたような気持ちが含まれています。

---

❹ I can't say even half of what I want to.

「半分も〜なかった」という表現には、not...even half of... が使えます。「仕事のノルマの半分もできなかった」なら、I was not able to do even half of the quota of the work. と表現できます。

033

TRACK #7

情報交換する なら、この4フレーズ！

CHECK

- [ ] ❶ 岡本さんについて何か知ってる？
- [ ] ❷ 新しい情報は？
- [ ] ❸ 昨日の会議はどうだった？
- [ ] ❹ うまくいった？

❶ Do you know anything about Okamoto-san?

Do you know anything about...? は、情報を尋ねる言い回しです。たとえば、「最近XXさんが会社に来ていないけど、何かあったの？」や「XXさんが目立った昇進をしたみたいだけど、何が評価されたの？」など、特定の人に関することを知りたい時にも使えるフレーズです。

❷ Do you have any new information?

「情報」は、information のほか、topics や news もありますが、仕事に関するものに対しては、information が無難でしょう。Is there any new information? と言ってもOKです。

❸ How was yesterday's meeting?

前日の会議に出席した人に対して尋ねるなら、How was yesterday's meeting? がいいでしょう。How did the meeting go yesterday? や How was the meeting yesterday? でもOKです。

❹ Did it go well?

物事が「うまくいく」は、go well を使いましょう。何かが継続している場合は、Is it going well? になります。また、成果が上がることを期待したような聞き方だと、Is it a success? も可能です。

CHAPTER 2 同僚との会話

034 同僚を食事に誘う
なら、この4フレーズ！

TRACK #7

CHECK

☐ ❶ ケイコ、お昼を食べに行かない？

☐ ❷ 最近できたABCというレストランは、おいしいらしいよ。

☐ ❸ 一杯どう？

☐ ❹ それはいいね！

---

❶ Keiko, let's go out for lunch.

Let's go for lunch. で「お昼行こう」という誘い方もできます。Let's を Why don't we に換えてもOKですし、What are your plans for lunch?「お昼何にしよう？」と聞くのもいい表現です。

---

❷ I heard a new restaurant called ABC is really good.

A new restaurant called ABC is said to be really good. という表現もあります。情報を得て「〜は〜らしいよ」と言う時に使う …is said… という言い回しです。自分の体験からではない時に使います。

---

❸ Would you care for a drink?

Would you care for…? は「〜に関心がある？」「〜がほしい？」など、何かをすすめるときの言い方です。同僚に対しても、相手の都合を尊重して would you をつけるといいでしょう。

---

❹ Sounds like a plan.

「ひとつの計画のように聞こえるね」が直訳です。相手の意見や提案また計画などに、賛成や自分の乗り気を示すひと言になります。a plan が表す範囲は非常に広く、練りに練った構想から「後でハンバーガーでも食べに行かない？」程度のものまで含みます。

035 | 同僚に相談する
なら、この4フレーズ！

TRACK #7

CHECK
- ❶ 何か話したいことない？
- ❷ いろいろ悩みがあってね。
- ❸ もし何かできることがあれば、教えてね。
- ❹ 私、出世したいんだ。

❶ Is there something you'd like to talk about?

悩みを抱えていそうな同僚に「相談事があるんじゃない？」と聞くこともあるでしょう。そんな時はこのフレーズが自然です。相手は、Well,... と答えてくれるはずです。

❷ I'm dealing with some serious problems.

deal with で「問題などを解決しようとする」という意味です。つまり「真剣な問題に今取り組んでいる最中なんだ」というニュアンスのフレーズ。「悩みがいろいろあるんだ」と切り出すスマートな表現です。

❸ If there's anything I can do, please let me know.

「何か私にできること」は、anything I can do で OK。「教えて」は「知らせて」という意味なので、let me know や tell me が自然です。if で始まる文を後に置き、Please tell me if there is anything I can do. と言うこともできます。

❹ I want to be a success.

「出世したい」という言い回しには、I want a promotion. や I want to climb the corporate ladder. などという表現があります。「成功したい」という意味の I want to be a success. がシンプルでおすすめな表現です。

CHAPTER 2 同僚との会話

036
TRACK #7

同僚を誘う
なら、この4フレーズ！

CHECK

- ❶ 今日の午後は忙しくしてる？
- ❷ 天気いいね。散歩に行かない？
- ❸ 疲れてるみたいだね。ちょっと休もうか？
- ❹ ここで休憩しようか？

---

❶ Are you busy this afternoon?

相手に何か頼みごとがある時、こんな聞き方もできます。「忙しくなければお願いがあるんだけど」という含みがあります。もちろん、文字どおりの質問として尋ねる場合もあるので、状況によって使い分けましょう。

❷ It's a nice day, isn't it? How about a walk?

「いい天気」は、a nice day です。もし相手が一緒にいれば、その状況を共有しているので、Nice day! だけでもOKです。「散歩に行くのはどう？」という提案は、How about a walk? で伝わります。

❸ You look tired. Why don't you take a break?

look tired で「疲れているように見える」です。Why don't...? や、Why not...? は、状況によっては直訳のように「なぜ〜しないの？」「〜すればいいのに」と聞こえることもありますが、「〜しようよ」と相手を気遣うニュアンスにもなるので、失礼になりません。

❹ Should we take a break?

「〜しませんか？」や「〜したほうがいいね」と促す場合、Should we...? が自然な提案です。should が「〜すべきだ」「〜のはずだ」というニュアンスで使われるのは、実は一部でしかありません。強く断定する場合にも使いますが、状況によって提案するのに効果的な言葉です。

037

TRACK #7

同僚に質問する
なら、この4フレーズ！

CHECK

☐ ❶ また会おう。いつがいい？

☐ ❷ 何かわからないことある？

☐ ❸ これって意味わかる？

☐ ❹ 今、少し時間ある？

---

❶ Let's have another meeting.
When would be good for you?

丁重に相手の予定を聞く場合は、When should we meet next time? などと言うことができますが、同僚同士なら could や can を使ってもOKです。

---

❷ Do you have any questions?

直訳だと「何か質問はありますか？」になりますが、「今話したことの中でわからないことあれば答えるよ」というニュアンスで、同僚との会話でも使うことがあります。Any questions? と短縮形で聞いてもOK。questions と複数形で聞くのを忘れずに。

---

❸ Is this making sense?

「筋が通っている」「道理にかなう」「意味をなす」という意味の、make sense はよく使われる言い回しです。自分が話していることが相手に伝わっているか不安な時や、相手が理解できていなさそうな時、自分の主張が正当だと相手に同意を求めたい時などに使う表現です。

---

❹ Do you have time right now?

「ちょっといい？」というニュアンスの尋ね方です。頼みを言い出す際も、このくらいの聞き方をするのがいいでしょう。

CHAPTER 2　同僚との会話

038 会話を終える
なら、この4フレーズ！

TRACK #7

CHECK
- ❶ 言いたいのはそれだけだよ。
- ❷ 時間を割いてくれてありがとう！
- ❸ 仕事以外の話もできてよかった。
- ❹ じゃあここで。

❶ That's all I have to say.

文字どおり「言いたいことはそれで全部」という意味です。それ以上説明がつかない時や、突っ込みを拒絶したい時に言うことができます。「以上です」というニュアンスで、報告などの最後に使うこともあります。

❷ Thank you for making time for me.

「時間を割く」は「時間を作る」ということ。「私のために時間を作ってくれてありがとう」という意味で、Thank you for making time for me. はよく使われる表現です。for making time を省いて、Thanks for your time. と言ってもOKです。

❸ It was good that we could talk about things other than work.

「～できてよかった」は、It was good that we could... で表せます。「仕事以外の」「仕事のほかの」と言いたい時は、other than work もしくは outside of work を使うことができます。

❹ Okay, well, see you later.

Good bye. と言うかわりに、Okay, well, see you later. と言うこともあります。丁寧でスマートに聞こえ、目上の人にも使えます。「おいとまします」というニュアンスです。同僚には「じゃあここで」と伝わるでしょう。

会社で使える
スマート表現

直訳では何と言っているかわからない、
そんなネイティブ特有の
言い回しをまとめました。
使えばネイティブに一目
置かれるようなフレーズを紹介します。

CHAPTER 3

CHAPTER 3　会社で使えるスマート表現

039
TRACK #8

怒りを表す
なら、この4フレーズ！

CHECK
- [ ] ❶ 最低です。
- [ ] ❷ またですか！
- [ ] ❸ いい加減にしてください！
- [ ] ❹ とんでもないです。

❶ It kind of sucks.

suckは「最低」「つまらないもの」などという意味で、人や物事をけなすときに使うカジュアルな表現です。親しい間柄ならkind ofを使わず、相手の発言を聞いて、It sucks. That sucks.「最悪だね」などと言います。強い表現なので上司や顧客に対しては使わないようにすべきです。

❷ Not again!

ビジネスの場面でも日常生活でも「また？　かんべんしてよ」とつい口から出てしまうことがあります。二度と起きてほしくないことが、また起きてしまった場合などに、「もううんざり」というような気持ちを表す口語表現です。

❸ Cut it out!

口調によってはかなり強い意味になります。自分に対する言動だけでなく、他人のけんかや口論などを止める場合なら、Now, cut it out!「いい加減にしなよ」のように使うとよいでしょう。反対に、あまりにも過分にほめられて、「恥ずかしいからもういいよ」という場合にも使えるひと言です。

❹ Not even close.

直訳で「近づいてさえいない」というこの言葉は、相手の意見や感想などが、「自分の気持ちや意見とはまるで違っている」「私の気持ちとは程遠い」と言う時の表現です。言い方によっては「冗談じゃない！」という強い気持ちも表せます。

040 驚きを表す なら、この4フレーズ！

TRACK #8

CHECK
- [ ] ❶ どうしたらそうなるんだ！
- [ ] ❷ 考えられません。
- [ ] ❸ ありえませんね。
- [ ] ❹ てんてこ舞いです。

❶ How could you?!

How could you do that?「どうしてそんなことができるの?」を短縮した形。相手の行為や発言に対する驚き、失望、怒りなどを表した表現になります。How could you say that?「どうしてそんなことが言えるの?」のように言うこともできます。

❷ That's unthinkable.

unthinkable は (un + think + able)で、文字どおり「考えられない」「ありえない」「想像すらつかない」という意味になります。相手の話に対して「それはちょっとどうかな、考えられないなあ」のように疑いや驚きの気持ちを表すことができます。

❸ Fat chance!

直訳で、「太ったチャンス」と訳すのは間違いです。その反対で「ほぼ望みはない」という意味になります。英語には時としてこのように逆説的な表現がありますので、覚えておくとよいでしょう。

❹ Things are really hectic.

仕事が忙しい時などの、「てんてこ舞い」に最適な単語は形容詞の hectic です。Today is hectic. や It's a hectic schedule. などで、「目がまわるほど忙しい」という状況が伝わります。very busy と言うよりも、ネイティブらしい表現になります。

CHAPTER 3　会社で使えるスマート表現

041
TRACK #8

同意を示す
なら、この4フレーズ！

CHECK
- [ ] ❶ おっしゃるとおりです。
- [ ] ❷ もちろんです。
- [ ] ❸ 私もです。
- [ ] ❹ 賛成です。

❶ I'll say.

That's right. と同じ、「まったくそのとおりです」という意味のフレーズです。I'll say. は I'll say it is. あるいは I'll say it was. のこと。相手の意見や感想などに、共感を示すフレーズで、That's right. よりも知的なイメージを与えるこのフレーズは、相手に与える印象もいいでしょう。

❷ You bet.

「あなたは賭ける」が直訳ですが、「もちろん」という意味になります。Sure. や Of course. と同じ同意のフレーズになりますが、よりカジュアルな表現になります。相手からお礼を言われた場合などに You bet. と言えば、You're welcome. と同じ「どういたしまして」の意味で使えます。

❸ Same here.

「ここでも同じ」が直訳。相手の発言などを受けて「私も同じ考えです」「同じ状況です」など同感することを伝えるひと言です。

❹ I'll second that.

second は、「2番目の」という形容詞の訳がよく知られていますが、この場合は動詞として使われているところがポイントです。「発言を補強する」という意味のほかに「支持する」「同意する」という意味があります。フォーマルな表現ですが、日常会話などカジュアルな場面で使うこともできます。

042

否定する
なら、この4フレーズ！

TRACK #8

CHECK
- ❶ どうでしょうね。
- ❷ めんどくさい！
- ❸ まさかそんなこと。
- ❹ ムリです！

❶ You never know.

「あなたは絶対知らない」が直訳ですが、状況の進展が待たれる時に「この時点では、結果がどうなるかわからない」という意味で、「さあね、どうなんだろう」といったニュアンスになります。

❷ What a hassle!

hassle は「面倒なこと」「厄介の種」という意味です。What a hassle! で「何て面倒な」という気持ちを表すひと言になります。不満の気持ちを表すフレーズですが、「まあしかたないか」という気持ちを表すこともできます。日本語で言う「ハッスルする」は hustle なので別の単語です。

❸ Don't tell me.

直訳では「私に言うな」ですが、「ウソでしょ」「まさか！」というニュアンスとなり、ネイティブは頻繁に口にします。Don't tell me の後に言葉をつなげることも可能で、Don't tell me he was fired. なら「まさか彼がクビだなんて」という意味になります。

❹ It's not happening!

これも、Don't tell me. のように「ウソ！」「まさか！」という言い回しです。たとえば「私の代わりにミーティング出てくれる？」と言われて、I have work to do, so it's not happening!「仕事あるからムリです！」といった流れで使えます。

CHAPTER 3　会社で使えるスマート表現

043
TRACK #8

励ます
なら、この4フレーズ！

CHECK
- [ ] ❶ そんなの大したことないですよ。
- [ ] ❷ あきらめないで。
- [ ] ❸ 幸運を祈ってます。
- [ ] ❹ 大丈夫ですよ。

❶ It doesn't matter.

matterは「重要である」という意味があるので、It doesn't matter. で「それは重要ではありません」という表現になります。「それは大した問題じゃない」「それは関係ない」と、気にしないように促すときに使います。トーンによっては「どうだっていいよ」と投げやりにも聞こえるので注意しましょう。

❷ Stick at it.

stick at itは「それにくっつく」が直訳で、人を励ます場合であれば、「途中で投げ出さないで頑張りなさい」という意味になります。何かを投げ出そう、あきらめようとする人に対して「その調子で頑張って」という意味でも使うことができます。Stick with it. も同じ意味合いで使えます。

❸ Break a leg.

Break a leg. 「脚を折れ」と言われたら面食らうかもしれませんが、「幸運を祈る」「成功を祈る」という意味、つまりGood luck. と同じ意味で使われるフレーズです。元々は劇場関係者の間で使われていたもので、これから舞台に上がる人の成功を祈ってかけられる言葉です。

❹ Snap out of it.

Snap out of it. は、落ち込んでいる人に対して「いつまでも落ち込むな」という激励のひと言です。snapは「パチッ」「カチッ」のような音を立てる意味で、指をパチンと鳴らして覚醒させるという意味合いがあります。

044 | ポジティブに返す なら、この4フレーズ！

TRACK #9

CHECK
- ❶ 今のところ順調です。
- ❷ 楽勝ですね。
- ❸ うまくいってます。
- ❹ すごくいいですね！

❶ So far so good.

仕事の進捗状況を聞かれたり、長い説明の途中でわかっているかどうかの確認を求められたりした場合、「ここまでは順調です」「大丈夫です」と伝える時の定番表現です。慎重に進めているものについて尋ねられたときに使えば、「ここまでは大丈夫ですがこの先はわからない」ということをにおわすこともできます。

❷ It's a breeze.

breezeとはそよ風のことですが、「とても簡単にできること」や「楽にできてしまう仕事」という意味もあります。頼まれた仕事のお礼などを言われて「なんてことないよ」「朝飯前だよ」というニュアンスで使います。a breezeのほかにもa cinchやa piece of cakeでも同様の意味になります。

❸ Things are looking up.

仕事などの現状や進捗状況を聞かれたときの答え方です。look upには「好転する」「物事がよい方向に進む」の意味があるので、「状況は上向きです」「うまくいき始めています」という答えになります。

❹ Thumbs up.

こぶしを握って親指を立てる、日本でもよく見かける動作です。賛成や同意、気に入ったことを示したり、相手を激励するジェスチャーで、ポジティブな意味合いを持つこの動作をそのまま言葉にしたものです。Two thumbs up. なら、両手を使って「とても気に入った」ことを表します。

CHAPTER 3 会社で使えるスマート表現

045 ネガティブに返す なら、この4フレーズ！

TRACK #9

CHECK
- ❶ うんざりです。
- ❷ 深刻な状態です。
- ❸ ひどいですね！
- ❹ どうでもいいです。

❶ It's the pits.

pitは「穴」という意味ですが、ここでいうthe pitsとはarmpits「脇の下」の略だと言われていて、脇の下＝「不快な場所」「汚いところ」というイメージから、「最悪な状況、場所、人」と表すときに使うようになりました。It's the pits. は「最低だ」と吐き捨てるように使われるフレーズです。

❷ This is serious.

This is serious. で「冗談ではすまされない深刻な状況だ」という意味になります。プロジェクトに重大な問題が起きたときなどに使えば「これは深刻だ」という意味になり、かなりまずい状況にあるということが相手に伝わります。

❸ Lousy.

日本人にはあまりなじみのないlousyには、「シラミだらけの」のほかに「卑劣な」「どうにもいやな」などの意味があり、会話でこれを使えば「最悪」「ひどい」というニュアンスとなります。「あの仕事どうなった？」に対してLousy. と答えてきたら、「思うとおりに進んでいないな」と察することができます。

❹ I couldn't care less.

「これ以上気にしないことはない」すなわち「まったく気にかけない」という意味の表現です。たとえば、ランチに誘った人が「すみません。忙しくて出られそうにないです」と謝った時に「大丈夫。気にしていないよ」という気持ちを、この表現で表すことができます。

046 | 話を促す
なら、この4フレーズ！

TRACK #9

CHECK
- [ ] ❶ もう一度言ってくれますか？
- [ ] ❷ ちゃんと聞いてますよ。
- [ ] ❸ どういうことですか？
- [ ] ❹ その先続けて。

❶ Come again?

語尾を下げ気味に言うと、直訳のまま「また（遊びに）来てね」という意味になりますが、上げ気味に言うと、Could you say that again? の表現を短縮した形になり、「もう一度おっしゃっていただけますか？」という意味になります。Again? や Sorry? のひと言でもOKです。

❷ I'm all ears.

I'm all ears. は「全身耳になっている」という直訳どおり、それくらい熱心に耳を傾けています、というニュアンスになります。相手が何か話そうとしているときに、「聞く準備は万端だから話して」と会話を促す時に使います。

❸ You lost me.

lostには「失くす」という意味のほかにも、「迷う」「途方に暮れる」という意味があります。相手の話についていけなくなった時、You lost me. と言えば、「相手の話が複雑すぎて困っている」ということが伝わるので、相手はもっとわかりやすく説明してくれるはずです。

❹ Keep talking.

話を聞いているうち、相手が言いよどんだり、もったいぶったりした時に、言葉がとぎれることがあります。そんな時、「その先続けて」「全部話してよ」という気持ちをこめて、Keep talking. と言います。「安心して話の続きを話してよ」という含みのある I'm listening. も相手を促す表現です。

CHAPTER 3 会社で使えるスマート表現

047
TRACK #9

疑いを示す
なら、この4フレーズ！

CHECK
- [ ] ① それって本当なの？
- [ ] ② 信じられません。
- [ ] ③ そんなのインチキですよ。
- [ ] ④ ありえません。

① You don't say.

You don't say so.「あなたはそう言わない」が元のフレーズですが、これは「まあ、驚いた」「本当なの？」という驚きを表します。場合によっては「へえ、本当に？」というような皮肉っぽい言い方にも使えます。

② I don't buy it.

buyには「買う」のほかにも「人の話を信じる」「人の意見を受け入れる」という意味があります。そのため、I don't buy it/that. というと相手の話を聞いて、「その話は信じられない」という意味で使われます。また、会議などでも、「その意見は受け入れられない」というニュアンスでよく言います。

③ That's bogus.

bogus は「偽札印刷機」を語源にした「見せかけの」という意味の形容詞です。「偽の」「インチキの」「偽造の」の意味を持つので That's bogus. と言えば「そんなのインチキだ」という意味でよく使われます。

④ When pigs fly.

直訳で「豚が空を飛ぶときに」という意味ですが、豚が飛ぶくらいありえない、ということを表します。相手の意見を聞いて、とても実現不可能に思える時などに、「奇跡でも起きない限り、ありえない」と否定するときに使います。

048 感謝を表す なら、この4フレーズ！

TRACK #9

CHECK
- ① 恩に着ます。
- ② こちらこそ。
- ③ お気持ちだけいただいておきます。
- ④ 感謝してもしきれません。

❶ I'm indebted to you.

名詞のdebtに「借金」と「恩義」の意味があるように、形容詞のindebtedにも、「借金がある」と「恩義がある」という意味があります。後者の意味を使ったI'm indebted to you.で「恩に着ます」「感謝しています」と、感謝の気持ちを表すことができます。

❷ Same to you.

相手の感謝の言葉に使えば、「こちらこそ」の意味で自分の感謝を表すことができます。また別れ際のHave a nice weekend!「よい週末を！」のようなあいさつにSame to you.と返せば「あなたもね」という意味で使えます。

❸ Thanks but no thanks.

相手からの申し出を断る時、ただNo thanks.だけだと、少し失礼に聞こえることもあります。そんな時には、Thanks butと感謝の表現をつけるだけで、断ることを悪く思う気持ちが伝わります。日本語の「お気持ちだけいただいておきます」にぴったりの表現です。

❹ I can't thank you enough.

感謝する気持ちが最大になると、感謝しきれなくなるのは英語も同じです。「感謝しきれない」というのは「感謝をしても足りない」ということなのでI can't thank you enough.で表します。このフレーズは頻繁に使われます。

COLUMN 1

Prefix 敬称

　Mr. SmithやMs. Yoshidaのように、名前にはMr./Ms.をつけるのが当たり前だと思っていませんか？ もちろんオフィシャルな言い方としては間違いではありません。しかしネイティブは、日本人が思うほど紋切り型の使い方はしていないのです。

　もともとネイティブの間では、polite（礼儀正しく）であることよりも、friendly（友好的）なことが重要視されています。それは職場でも同じこと。上司を呼ぶ時にも、気軽にファーストネームで呼ぶのが普通です。フレンドリーな雰囲気を作ることが、働きやすい環境になり、仕事の能率も上がると考えられているのです。

　ですので、Mr.○○と呼ぶと、堅苦しく聞こえて、相手は距離を感じて構えてしまうかもしれません。Mr./Ms.を使うのは、お客様に対して話す時や第三者の説明をするような、オフィシャルな場合が多いです。

　とはいえ、日本人がいる職場では多少の変化も出てきます。日本人同士が「○○さん」と言うように、ネイティブが日本人に対して○○-sanと言うこともあります。そんな職場では、日本人がネイティブを○○-sanと呼ぶのも自然です。-sanを使うことで、フレンドリーなニュアンスを含みつつ、職場の礼儀も損なわないので使ってみるとよいでしょう。

名前につける敬称

Mr./Ms.	丁寧な表現で、オフィシャルな場合に使います。外部の人とのやりとりで使うことになるでしょう。名字の時のみ使います。
-san	日本人のいる職場で使うことになるでしょう。名字にも名前にも使うことができます。
敬称なし	同僚や部下、ネイティブに対して使います。名前で呼ぶ時のみに使うことができます。

＊日本の会社では、外部に社内の人間のことを話す時に、「吉田は外出中です」のように名字を呼び捨てにしますが、英語では名字には敬称をつけて呼ぶのが好ましいので気をつけましょう。

上司と
部下の会話

毎日必ず発生する、
上司と部下の会話をまとめました。
部下に指示を出したり、ほめたり、
叱ったり、上司に報告をしたり、
指示を仰いだりなど、
上司と部下の会話に
必須のフレーズをまとめています。

CHAPTER 4

CHAPTER 4　上司と部下の会話

049
TRACK #10

部下に指示を出す
なら、この4フレーズ！

CHECK
- ❶ 内訳を見せて。
- ❷ 見積りを出して。
- ❸ 領収書をもらうように。
- ❹ これに目を通しておいて。

---

❶ Could I see the breakdown?

「内訳」「明細」は breakdown で表せます。Could you give me the breakdown? と言ってもOKです。柔らかく言うならば、I'd like to see... を使えばOKです。

---

❷ Could you give me an estimate?

「見積り」は estimate です。業務の重要性を伝える場合は need を使って、I need an estimate. と言い表せます。

---

❸ Don't forget to get the receipt.

get... は「〜をもらうように」と部下に指示を出す時の言い方です。部下が会社のシステムや状況を把握しているような場合は、to get を省略して Don't forget the receipt. と言ってもOK。

---

❹ Look this over.

look over で「全体にわたって目を通す」意味になります。「一読する」「最後まで通して読む」という意味の read through を使って、Read through this. もOKです。

050 部下に指示を出すなら、この4フレーズ！❷

TRACK #10

CHECK

- ❶ 円満に解決するように。
- ❷ 早急に手を打ちなさい。
- ❸ できるだけ早くこれをして。
- ❹ へたに問題を起こさないように。

❶ Try not to make waves.

部下に対して「余計な波風を立てないように」「円満に解決するように」と言い含めることもあるはず。make waves は「事をあら立てる」「波風を立てる」という意味の表現です。make trouble と同じように使うことが多いです。

❷ Get right on this.

トラブル回避のために指示を出すことはよくあります。get right on で「直ちに手がける」という意味です。ビジネスではよく使われる表現で、「早急に手を打て」というニュアンスになります。もし、上司から言われる前に自分から申し出る場合は I'll get right on this.「すぐ取りかかります」と言うことができます。

❸ I need you to do this as soon as possible.

as soon as possible は「できる限り早急に」という意味で、ビジネス以外でもよく使われる表現です。メールやメモに、略語の ASAP / a.s.a.p. が書いてあれば速やかに対応しましょう。

❹ Try not to cause any problems.

Try not to... で「〜しないように努力しなさい」という意味になります。「問題を起こす」は、cause や make を使って表現できます。problems のほかに trouble でもOKです。

CHAPTER 4　上司と部下の会話

051 上司に指示をあおぐ
なら、この4フレーズ！

TRACK #10

CHECK

☐ ❶ 吉田さん、次の指示をお願いします。

☐ ❷ これはどうしたらいいでしょうか？

☐ ❸ いい解決方法を教えていただけますか？

☐ ❹ これを全員に伝えたほうがいいですか？

---

❶ Yoshida-san, we await your next instructions.

「次の指示をお願いします」は、Please tell us what you want to do next. とも言えますが、こちらはよりネイティブらしい表現です。await「待ち構える」を使って、指示を受ける準備はできている状態を伝えましょう。

❷ What should I do about this?

何かに対する対処法や、作業の方向性を問う場合、思い切って「私はこれについてどうすべきですか？」と、尋ねることも大事です。What should I do about this? でストレートに伝わります。相手はそれを無視することはないはずです。

❸ Please tell me the best way to handle this.

「解決する」は、solve と resolve が浮かぶと思います。どちらも「解決する」に違いないのですが、後者のほうが解決に導くため「決心をする」という含みがあり、resolve を使ってもOKです。handle は「対処する」のほかにも「うまくやる」「管理する」など、多岐に使えるので覚えておくと便利です。

❹ Should I let everyone know about this?

「伝える」には tell を使って Should I tell everyone about this? でも問題ありませんが、let everyone know を使うのが自然です。

052

TRACK #10

部下に報告を求めるなら、この4フレーズ！

CHECK

☐ ❶ 先週の報告書は提出した？

☐ ❷ ABC社の件はどうなっている？

☐ ❸ 私に毎日報告をするように。

☐ ❹ 各部署の部長への報告を必ず忘れないように。

---

❶ Have you submitted last week's report?

「提出する」には出すものによっていろいろな英語があります。hand in や turn in を使うこともありますが、報告書では一般的に submit を使って表現します。

❷ What's happening with ABC?

「〜はどうなってる？」と言う時にはWhat's happening with...? を使います。初めて聞く事柄だけでなく、すでに何かが起こっている件に関しては What happened to...? を使って表現します。

❸ Report to me daily.

「報告する」には、report を使います。report to... で「〜へ報告する」という意味になります。「毎日」は everyday でもOKですが、「日々」「常に」という意味の daily を添えるほうがスマートに聞こえます。

❹ You need to report to each head office manager without fail.

相手に「どんなことあっても〜しなさい」というくらい強調したい場合におすすめなのが without fail というフレーズ。fail は「失敗する」という動詞ですが、例外的に without につくと「必ず」といった表現になります。ビジネスではよく使われるので覚えておくといいでしょう。

CHAPTER 4　上司と部下の会話

053 上司に報告する
なら、この4フレーズ！

TRACK #10

CHECK
- ❶ 報告が遅れてすみませんでした。
- ❷ 現在、問題を調査しています。
- ❸ ABC社からの返事を待っています。
- ❹ ABC社から、納期を1週間延ばしてよいと連絡がきました。

❶ I'm sorry for the late report.

職場では「～が遅くなり申し訳ありません」と謝らなければならないことが多々起こります。その場合は、I'm sorry for... を使うといいでしょう。「報告するのが遅れた」は「遅れた報告」という解釈で the late report が使えます。

❷ We're investigating the problem.

単に問題を調べる程度では、check や look into が使えますが、由々しき問題に関して深く追究する必要がある場合は、investigate を使って表現したほうがいいでしょう。

❸ We're waiting for ABC's reply.

「返事」には、answer や response そして reply などがありますが、それぞれ違った意味を持ちます。answer は「質問への解答／返答」、response は「問いかけへの反応／返事」、reply は「主張に対する回答／返事」と考えていいでしょう。この場合は reply が最適です。

❹ ABC told us that we can extend the delivery date by one week.

「延ばす」には、postpone が思いつくかもしれません。しかしこれは、まだ起きていないことに対しての表現なのです。この場合は、すでに起こっていることや物の延期なので、extend が使われます。

054 上司に自信を見せるなら、この4フレーズ！

TRACK #11

CHECK
- ❶ 任せてください。大丈夫です。
- ❷ それについてはよくわかってます。
- ❸ しっかり経験済みです。
- ❹ ちょっとしたプロですから。

❶ I can handle it.

handle は、問題に対処する意味があるので、I can handle it. で「私に任せて」「私が何とかします」の意味になります。問題が起きていたり、みんなが困った状況にある場合にこう言えば、あなたが責任を持ってやろうとしていることが伝わります。

❷ I know it inside-out.

inside-out は、服の裏返しという意味ですが、know につけると「裏も表も知っている」つまり「隅から隅までくまなく知っている」「熟知している」という意味になります。

❸ Been there, done that.

「この仕事は経験豊富な私に任せてください」と言いたい時に、こんな言い方があります。「いろんなところに行ったことあるし、いろんな経験を積んである」が転じ、「経験済み」と使われる表現です。

❹ I'm kind of a pro.

professionalのproで「プロ」です。これ以外にも、自分が経験者だということを伝える表現に、I've been doing this for years. もいいでしょう。「ずっとやってきましたから」というニュアンスになり、相手は安心するはずです。

CHAPTER 4 上司と部下の会話

055 部下に発送を頼む
なら、この4フレーズ！

TRACK #11

CHECK

☐ ❶ これを速達で出しておいて。

☐ ❷ これを明日の朝届くようにして。

☐ ❸ 着払いでABC社に送って。

☐ ❹ 大急ぎでバイク便で送って。

---

❶ Could you send this by express?

「速達で」はby expressです。expressには動詞もあり、その場合は一語で「速達で送る」という意味になります。expressを使ったビジネスでほかに使うものにby express delivery「宅急便で」やby motorbike delivery「バイク便で」などがあります。

---

❷ Send it so it arrives tomorrow morning.

接続詞のsoが「～するように」となり、「明朝着くように送って」という意味になります。また、Make sure it can be delivered tomorrow morning. と言うこともできます。 make sureを使い、作業がとどこおりなくできるよう指示する言い回しです。

---

❸ I need you to send this POD to ABC.

PODはpayment on deliveryの略で「着払い」のこと。CODも「着払い」ですが、cash on deliveryの略で現金払いに限ります。This needs to be sent POD to ABC. と言ってもいいでしょう。

---

❹ I'm in a big hurry. Send it by bike.

in a hurryで「急ぎで」「慌てて」という意味。「大急ぎ」の場合は、bigが入ってin a big hurryです。in a hurryのようにin a rushも同じ意味になるのでこちらも使えます。どちらも同じような表現ですが、人に対してplease hurryと使えるのに対し、please rushとは言いません。

056 部下にFAXを頼むなら、この4フレーズ！

TRACK #11

CHECK

- [ ] ❶ これをABC社の社長あてにファックスしてくれる？
- [ ] ❷ ファックス届いていない？
- [ ] ❸ ファックスの用紙が切れているよ。
- [ ] ❹ ファックスの用紙を補充しておいて。

---

❶ Could you fax this to the president of ABC?

fax「ファックスする」は動詞としてよく使われるので、指示も出しやすいです。宛先を伝える時は、to を使えばOKです。We need to fax this to the president of ABC. という言い方でも大丈夫です。

---

❷ Haven't you received the fax?

ファックスが届いているか確認することもよくあります。「(今の時点まで) まだ受け取っていない？」と尋ねているので、現在完了形を使います。ここでは fax は名詞です。

---

❸ The fax machine is out of paper.

out of で「〜がなくなって」「〜が切れて」の意味になります。We're out of fax paper. や We have run out of fax paper. という言い回しもできます。run out of... で「〜がなくなった」「〜を使い果たす」という意味があります。

---

❹ Could you put more paper in the fax machine?

「補充する」は、supply や refill を使っても言えますが、あらゆる状況に使える動詞 put を使うことでシンプルに表現でき、かつさまざまな表現の応用が可能となります。たとえば、Put some water in the pot.「ポットに水を入れといて」など。

CHAPTER 4 上司と部下の会話

057 部下に手配を頼む なら、この4フレーズ！

TRACK #11

CHECK

☐ ❶ フィラデルフィアまでの切符を手配してくれる？

☐ ❷ 至急、飛行機の手配をして。

☐ ❸ タクシーを呼んでくれる？

☐ ❹ 名刺を注文しておいて。

---

❶ Could you arrange my tickets to Philadelphia?

arrange で「手配する」「準備する」となります。「ミーティングの準備をしておきます」なら、I will arrange the meeting. です。この単語は、いろいろな状況で使えるので覚えておくと便利です。

---

❷ Could you get my plane tickets right away?

right away が入ると、すぐ行動にうつさないと上司は納得しないほど、重要な指示となります。「飛行機の手配」は「航空券を取る」ことなので、get one's tickets です。

---

❸ Could you call a taxi for me?

call a taxi で「タクシーを呼ぶ」という意味。うっかり Could you call me a taxi? と言って「私をタクシーって呼んで」の意味になったという笑い話がありますが、くれぐれも間違えないように。アメリカでは、taxi を cab と呼ぶことも多いです。

---

❹ Could you order me some new business cards?

ややカジュアルな言い回しになりますが、「名刺がなくなりそうだ。注文しておいてくれるかな」という意味の I'm almost out of business cards. Could you reorder some for me? でも OK です。reorder で「追加注文する」という意味になります。

058 | 上司に進言するなら、この4フレーズ！

TRACK #11

CHECK

☐ ❶ 新入社員のための研修日程を組みたいのですが。

☐ ❷ そのポジションには久保さんが適任だと思います。

☐ ❸ この仕事は私にやらせてください。

☐ ❹ お取り込み中恐縮ですが。

---

❶ I'd like to schedule a training session for the new employees.

新入社員のための「研修」は、training session や、induction course などと言います。また、日本の会社でも使っている言葉に OJT がありますが、これは、on-the-job training の略語です。

---

❷ I think Kubo-san is the best person for this job.

「適任」は、suitable も使えますが、「合っている」というニュアンスなので弱い表現です。ここでは ...is the best person for... を使った表現がわかりやすくてスマートな表現です。

---

❸ Please leave this to me.

子供っぽく I'll do it! と言わず、「任せてください」という自信が伝わる Please leave this/it to me. と言いましょう。自信を見せつつ仕事を引き受けるこのフレーズは、ぜひ覚えおきましょう。

---

❹ I'm sorry to interrupt you, but...

相手が特に忙しくしていなくても、interrupt「中断する」を使うことによって、「お忙しいところ恐縮です」「お取り込み中すみませんが」と注意を向けてもらえます。最後に but をつけると自然な感じになるのでおすすめです。使う頻度の高い言い回しです。

CHAPTER 4 上司と部下の会話

059 上司に話を切り出す
なら、この4フレーズ!

TRACK #12

CHECK

- ❶ お話があります。

- ❷ 相談に乗っていただきたいことがあるのですが。

- ❸ この書類を書き直しました。これでいかがですか？

- ❹ 申し訳ありませんが、私のレポートに目を通していただけますか？

---

❶ I need to talk to you about something.

何か話すことがある場合、率直にこう言ってみましょう。「ご相談があります」というニュアンスで、I need your advice. もいい表現です。advice を使うと、上司へ失礼になりません。

❷ I have a problem I was hoping you could help me out with.

I need your advice. よりさらに真剣さが伝わるのがこの言い方です。仕事の内容であれ、プライベートなことであれ、help を使ったこの表現ならば、上司だったら無視するわけにいかないでしょう。

❸ I rewrote this document. What do you think?

「書き直す」は rewrite で表します。「これでいかがですか？」は、相手の意見や感想を求める What do you think? を使って「どうお考えですか？」「どう思いますか？」と聞くとよいでしょう。How about this? でもOKですが、やや親しげに聞こえてしまいます。

❹ I hate to trouble you, but could you read through my report?

「申し訳ありません」は、「手をわずらわせてすみません」という言い方にすれば、オフィシャルかつスマートに表現できます。I hate to trouble you は慣例的によく使う表現で、but と続けると人に頼みやすい言い方になります。

060 部下に話を切り出す
なら、この4フレーズ！

TRACK #12

CHECK
- ❶ 今忙しい？
- ❷ ちょっと来て。
- ❸ すぐに私の部屋に来るように。
- ❹ 明日の朝9時に私の部屋に来るように。

❶ Are you busy right now?

日本語でも、話したいことがある時「忙しい？」と聞くことはあります。I need to talk to you. Are you busy right now? と言うところを、後半の一文だけ言っても相手は察知してくれます。同僚や部下に対しては、You're busy right now? と疑問文でなくてもOKです。

❷ Could I talk to you for a minute?

部下を呼び寄せる時、最も自然に伝わる言い方です。Could I...? や Could you...? を使った聞き方は、できるかどうかの可能性を聞いているというよりは、相手に「〜してほしい」と頼むニュアンスです。命令形よりも使いやすいので、使う頻度が高いフレーズです。

❸ I need to see you in my office, right now.

何か重大なことを伝えたい時や、相手に緊張感を与えても構わない場合は、I need to と切り出すと、深刻な響きが伝わります。ただ、ちょっとした用事で呼び出す時には不適切なので要注意です。

❹ Meet me at my office at 9:00 tomorrow morning.

部下に言う時や、カジュアルな言い方でもいい場合は、meet me が便利な表現です。ここでは部下に、自分の部屋に9時に来るよう約束をさせる、もしくは、決まっていることの確認として使われています。

CHAPTER 4　上司と部下の会話

061 部下をほめる なら、この4フレーズ！

TRACK #12

CHECK
- ❶ よくやってるね。
- ❷ きみのおかげでプロジェクトは大成功だよ！
- ❸ みんなきみの努力に一目置いてるよ。
- ❹ きみの功績を誇りに思うよ。

❶ You're doing really good work.

部下をほめる表現はたくさんあります。do good work で「よくやってる」です。現在進んでいる勤務状況をほめるには、You're doing と現在進行形でOK。「いい仕事をしてるね」「働きぶりがいいね」などと言いたい時もこの表現が使えます。

❷ Thanks to you, the project was a big success.

「あなたのおかげで」は、thanks to you が便利な言い回しです。もし「彼のおかげで」と言うなら thanks to him となります。「～は大成功だ」は、be a big success で表現できます。このように具体的に仕事の評価をし、ねぎらうのは効果的です。

❸ Everyone knows you're working really hard.

相手を高く評価していることを伝えるには、自分のひいき目で言っているのではない、という印象を与えることも大切です。everyone knows...「みんなも知っているが」を使うと、部下の努力を認める正当性が強調されます。言われた部下も張り合いを感じるでしょう。

❹ I'm proud of your achievements.

部下の功績を評価し、自分もうれしい場合はこのような表現もいいでしょう。be proud of...「誇りに思う」「満足している」を使います。achievement で「業績」「功績」です。

062 部下を叱る
なら、この4フレーズ！

TRACK #12

CHECK
- ❶ 二度と同じミスはしないで。
- ❷ 自分ひとりで判断すべきではない。
- ❸ 報告が遅れた理由は何？
- ❹ この内容を私にも共有すべきだったのに！

---

❶ Don't make the same mistake twice.

「同じミス」に関してなので、twice を使った表現ですが、「二度とそれをするな」は、Never do that again. や Don't do that again. などで表現します。また、you を入れて Don't you ever do that again. などの表現も可能です。

❷ You shouldn't make decisions by yourself.

「判断する」は、make decisions を使います。常時気をつけなければならないなら、このように言えますが、もし「この件に関して」ということであれば、It's not something you should decide on by yourself. と表現できます。

❸ What's the reason for the late report?

What's the reason why the report was late? とも言えますが、口語では関係副詞や関係代名詞を省くことが多く、このように reason for を使って What's the reason for the late report? と言うほうが自然です。

❹ You should have shared the content with me!

やんわりと言うならば、You were supposed to share the content with me! でもOKですが、厳しく叱るなら should have を使うとストレートに伝わります。

CHAPTER 4 上司と部下の会話

063 上司に言い訳をするなら、この4フレーズ！

TRACK #12

CHECK

- ❶ すみません。なにぶん初めてなもので…。
- ❷ こんなにてこずったのは初めてです。
- ❸ もうちょっと時間をください。
- ❹ 言われたとおりにやっただけです。

---

❶ I'm sorry, but this is all new to me.

言い訳の内容を言う前には、I'm sorry, but... がよく使われます。自分にとって初めて扱う仕事内容だった場合、new to me とはっきり伝えることも大事です。「私にとって」なので、for me と言ってしまいそうですが、必ず to me なので気をつけましょう。

❷ I've never had this much trouble before.

「いつもはこんなでなく、私はもっとできるんですけど」と訴えたい時もあります。「こんなにてこずる」は「こんなたくさんのトラブルがあって」という言い方で表現でき、this much trouble を使います。

❸ I just need a little more time.

上司に対して「時間をください」と頼む場合、just を添えて need を強調しましょう。「もうちょっと時間があったらうまくいくんですが」という状況が伝わります。相手は「ではチャンスをあげよう」となるかもしれません。

❹ I only did what I was told.

口答えと取られるかもしれませんが、現実的に指示のミスがあった可能性も捨てきれないので、正直に訴えることも大切です。「指示をしたのは上司なので、それをやったまでです」というニュアンスです。

064 上司の依頼を断る
なら、この4フレーズ！

TRACK #13

CHECK

☐ ❶ 時間が足りません。

☐ ❷ それは私の仕事ではありません。

☐ ❸ そのために雇われてるんじゃないです。

☐ ❹ その分野に関してはまったくのシロウトです。

---

❶ ## There are only so many hours in a day.

「1日は24時間しかないので、こんなにたくさんの仕事をするのは無理です」というニュアンスになります。onlyとmanyがあるので違和感があるかもしれませんが、only so manyで「限られた数の」というフレーズです。

❷ ## That's not what I was hired to do.

That's not my job. という言い方だと「知ったこっちゃない」と聞こえてしまいます。「こんなことをするためにこの会社に入ったのではありません」と言いたい時は、That's not what I was hired to do. を使います。

❸ ## This isn't what you pay me to do.

That's not what I was hired to do. と同じように使えます。また、「いつからそれが私の仕事になったのでしょう？」という意味で、Since when am I responsible for that? と言う表現もあります。

❹ ## I have no experience in that area.

話し方によっては、非難がましく聞こえませんが、「頼む相手をお間違えでは？」の気持ちが伝わるかもしれません。本当に率直にそう伝えたい場合は、I'm not the right person to ask. と言うこともできます。

CHAPTER 4 上司と部下の会話

065 大変さを伝えるなら、この4フレーズ！

TRACK #13

CHECK

- ❶ 見た目ほど楽じゃないよ。
- ❷ 思った以上に難しいよ。
- ❸ ひどいことになったよ。
- ❹ これは失敗を許されない仕事だよ。

❶ It's not half as easy as it looks.

It's not as easy as it looks. も「見た目ほど楽ではない」になりますが、それを少し強調した言い方です。not half as...as で「半分ほども〜でない」という表現で、「見た目の半分ほども簡単ではない」「見た目より倍以上難しい」つまり「すごく大変だよ」という意味。

❷ It's harder than you think.

仕事の前に「きみが考えている以上の大変さだよ」、と釘を刺すのは上司としての思いやり。おどしに聞こえないように、タイミングよく伝えることも大切です。頭に、Honestly, や To be honest, などを添えるのもいいでしょう。

❸ I'm surprised by how much trouble we've had.

「こんなに大変だとは」と言いたい時、I'm surprised by how... が使えます。「大変だ」「問題だ」「ひどい」など、困難をかかえた時に、trouble はよく使う単語です。

❹ At this job, there's no room for errors.

We can't make mistakes. と簡単に言うこともできますが、「許されない」に there is no room for... 「〜の余地はない」を使うとスマートに聞こえます。for の後に errors を置くことで、「失敗の余地がない」つまり「失敗は許されない」という表現になります。

066 振り出しに戻す
なら、この4フレーズ！

TRACK #13

CHECK
- [ ] ❶ もう無理だ。
- [ ] ❷ 時間の無駄だ。
- [ ] ❸ もうだめだ。中止しよう。
- [ ] ❹ やり直しだ。

---

❶ This isn't going to work.

仕事上のことで「もう無理だ」と言いたい時には、「うまくいかない」という意味のThis isn't going to work.で表現できます。プロジェクトや作業が進まなかったり、成果が表れない時に適した表現です。

❷ It's not worth our time.

「無駄だ」には「価値がない」という意味のnot worthを使います。「これ以上やっても意味がない」と言いたい時、It's not worth it.だけでも「無駄だよ」という意味の慣用的な言い回しになります。

❸ So much for that. Let's just give up.

「もうたくさんだ」と言いたい時に、so much for... という表現があります。for の後に来る名詞や動名詞に関して「これ以上〜しても無駄だからやめよう」ということが伝わります。あきらめの気持ちを含んだフレーズです。

❹ I've got to start from scratch.

「やり直しをする」とは「最初から始める」と同じことなので、「最初から」という表現のfrom scratchを使って表現します。この scratch は「地面にひっかいたスタートライン」のことを表しています。

CHAPTER 4 上司と部下の会話

067 上司に謝る なら、この4フレーズ！
TRACK #13

CHECK
- ❶ すみません、私の判断ミスでした。
- ❷ 作業の遅れについて謝ります。
- ❸ お手数をおかけして、申し訳ございません。
- ❹ すみません、今後は必ず迅速な対応をするように気をつけます。

---

❶ I'm sorry, it was a misjudgement on my part.

「判断ミス」は misjudgement が使えます。「〜におけるミス」という意味で、an error in judgement on my part もいい表現です。もっとシンプルに言うならば、I'm sorry, I made the wrong decision. と言うことも可能です。

❷ I need to apologize for the delay.

「作業の遅れ」は、delay だけで OK です。delay を使わない表現としては、behind schedule「予定より遅れて」というフレーズが使えます。I need to apologize for getting behind schedule. と言い換えることもできます。

❸ I'm sorry we had to ask you for help.

職場では、上司に手伝ってもらうことも多々あります。そんな時には、I'm sorry と ask you for help を使っておわびすることはスマートな表現でしょう。

❹ I'm sorry, I'll definitely handle things quicker from now on.

「早く対応する」と言うには、handle things quicker や handle things more quickly が使えます。「今後は」は、after this や in the future も伝わりますが、from now on がよく使われます。

068 部下に謝る なら、この4フレーズ！

TRACK #13

CHECK
- [ ] ❶ 忙しいところ悪いね。
- [ ] ❷ 無理を言って悪かったね。
- [ ] ❸ きみを誤解してしまっていて、すまない。
- [ ] ❹ 私の指示がわかりづらかったのを許してほしい。

❶ I'm sorry for giving you more work.

部下がちゃんと仕事しているとわかっているけど、さらに頼み事をしなければならない時もあります。そんな時は、上司でもsorryを使って柔らかく言います。askを使わず、giveがスマートな表現で、「忙しいところすまないね」とうまく伝わります。

❷ Sorry for pushing you.

pushも覚えておくと便利な動詞です。「無理強いする」という意味なので、Sorry for pushing you. で「無理を言ってすまない」という表現になります。

❸ Let me apologize for misunderstanding you.

謝る時の言葉は、I'm sorry や I apologize また I must apologize でもいいですが、上司が謝る時は let me apologize が自然な表現でしょう。「～に対して謝る」apologize for を使って「あなたを誤解したこと」misunderstanding you と続けます。

❹ I'm sorry that my instructions were unclear.

上司の出す指示がいつも的確だとは限りません。もし、自分の指示が不充分なものだったと気づいたら、コミュニケーションを取る上でそれを伝えるのは大事なことです。「わかりづらい」は、hard to understand でもOKですが、「不明瞭だ」という意味の unclear を使うとスマートです。

CHAPTER 4　上司と部下の会話

069
TRACK #14

部下をねぎらうなら、この4フレーズ！

CHECK
- [ ] ❶ 遅くまでありがとう。
- [ ] ❷ ご苦労様。
- [ ] ❸ 今日は本当によくやってくれたね。
- [ ] ❹ 困ったことがあったら言って。

---

❶ Thanks for staying so late.

こう言えば、少々残業をさせてしまった場合のねぎらいの言葉になるでしょう。staying を working に変えてもOKです。

---

❷ You must be tired.

日本語の「ご苦労様」に近いのはこの表現がぴったりです。「（よく働いてくれたので）疲れたでしょう」というねぎらいの気持ちが伝わります。You've gotta be tired. でもOKです。

---

❸ You did a really good job today.

You did a good job. は、仕事の成果を上げた時や、満足いく仕事をした時に「よくやった！」というニュアンスです。それをもう少し丁寧に表現するには really を添えて、ねぎらう気持ちを表しましょう。一日を終えて、しっかり働いてくれたと評価されると部下はうれしいものです。

---

❹ Let me know if you have any concerns.

上司として部下の抱えた問題を聞くことも大切です。「困ったこと」や「心配事」は複数形で concerns や worries が使えます。ビジネス上でも使える Let me know if you have any concerns. はとても便利な表現です。

070 | 締め切りを確認する なら、この4フレーズ！

TRACK #14

CHECK
- ❶ 期限はいつまでですか？
- ❷ 期限どおりに終わりそうですか？
- ❸ 期限どおりに終わらせるのはとても無理です。
- ❹ 納期を延ばすことは可能でしょうか？

---

❶ What's the deadline for this project?

締め切りの確認をすることは大切です。「締め切り」「期限」は deadline を使います。「締め切りが近づいている」は、動詞の near を使って The deadline is nearing. と言うことができます。

❷ Does it look like we'll finish on schedule?

作業の進行を上司に確認するのも大切です。「予定どおりに」は on schedule を使います。Does it look like we'll finish this project on schedule? を略した形が このフレーズです。

❸ There's no way we'll finish this by the deadline.

部下が率直に報告する場合。There's no way... で「〜するのはとても無理だ」「〜なんて絶対に無理」の意味になります。「金曜までに仕上げるなんてとても無理です」と言いたい時には、There's no way we'll finish this by Friday. です。

❹ Is it possible to push back the deadline?

Is it possible to...? は「〜することは可能ですか？」と尋ねる表現です。「延期する」「先送りする」は push back と表します。

CHAPTER 4 上司と部下の会話

071 仕事をせかす なら、この4フレーズ！
TRACK #14

CHECK

☐ ❶ さあ、さっさとやるよ。

☐ ❷ 時間の無駄遣いはやめてすぐにデータを持って来なさい。

☐ ❸ これを最優先にして。

☐ ❹ 急いで！ 仕事がやばいよ。

❶ Let's get this show on the road.

仕事を急がせる時や、すでに決定した何かをスタートする時によく使う表現です。get the show on the road とは、旅芸人が巡業に出ることから使われるようになったフレーズで、「さっさと始めよう」というニュアンスです。

❷ Stop messing around and get me that data!

「時間を無駄にする」は、waste time が一般的に言われますが、部下を叱る時には少々きつい言い方 mess around が適しています。通常時に使うと失礼な言い方なので気をつけましょう。

❸ This is top priority.

もし部下が仕事の優先順位を間違えている時に、「こっちが真っ先だろ」と告げる言葉です。top priorihy のほかにも、「最優先事項」という意味の top priority や number one priority や first priority が使えます。

❹ Hurry up! Your job is on the line.

ここぞという時に、Hurry up! のひと言は効きます。ただし「急げよ！」というニュアンスなので、上司からせかす場合に限られます。状況によっては Let's hurry. や We need to hurry. もいいでしょう。on the line は「危険にさらされて」「危ない状況で」の意味になります。

072 | 部下に進捗を聞くなら、この4フレーズ！

TRACK #14

CHECK
- [ ] ❶ どんな具合？
- [ ] ❷ 予定どおりに進んでいる？
- [ ] ❸ あとどれくらいで終わりそう？
- [ ] ❹ 遅れは取り戻せそう？

❶ How's it going?

How are you? のように使ったりもしますが、もともとは「(あなたがしていることの) 調子はどう？」「具合はどう？」と聞く表現です。職場でこう聞けば、仕事の進捗状況を聞いている言葉となります。

❷ Is everything on schedule?

直訳で「すべてスケジュールどおりに進んでる？」という意味です。「プロジェクトの進み具合は？」なら、How far along is the project? という表現もできます。how far で「どのくらい遠く」ですが、along「前方へ」という副詞がつくことで「どのくらい進んでいる？」という聞き方になります。

❸ How much longer will it take?

このフレーズの文頭にAboutを付けると「だいたいいつごろになりそう？」というニュアンスに変わり、相手にプレッシャーを与えない尋ね方になるので、併せて覚えると便利です。

❹ Can you keep pace with the schedule?

keep pace with... で「~遅れを取らずに進行する」をいう表現になります。多少遅れそうでも調整してスケジュールどおりに進む可能性のある状態を表します。もし、多少の遅れが出そうだとしたら、catch up with...「~に追いつく」を使って「スケジュールに追いつく」が使えます。

CHAPTER 4 上司と部下の会話

073 部下に問いかけるなら、この4フレーズ！

TRACK #14

CHECK

- ❶ プレゼンの準備は進んでいる？
- ❷ お客さんの反応はどう？
- ❸ 売り上げのほうはどんな感じ？
- ❹ 新製品の売り上げはどう？

---

❶ How's the presentation preparation going?

「準備」は preparation と言います。略語の prep も使われることが多いです。

❷ What's the reaction from the client?

お客さんの反応を把握することは業務上大切なことです。「反応」は、日本語でも「リアクション」という言葉が定着しているように、reaction が使えます。what's the reaction...? と常に気を使う言い回しが現場では飛び交うことでしょう。

❸ How are sales doing?

「売り上げ」は、sales です。また、sell は「(人主体で) 〜を売る」ほかに「(物自体が) 売れる」意味があるので、How is (品名) selling? でも表現できます。

❹ How's the new product doing?

「新製品」は new product でOKです。How's XX doing? で「XXはどう？」という疑問文ですが、このように物に関することでも do を使うのが通例です。新製品の話なので、売り上げに関して聞いている表現になります。

074 | 進捗を報告するなら、この4フレーズ！

TRACK #15

CHECK
- ❶ 今のところ順調です。
- ❷ 予定よりも早く進んでいます。
- ❸ 遅れは取り戻しました。
- ❹ もう少しで終わります。

❶ Everything's going well so far.

「今のところ」は、so far で表現できます。「すべて予定どおりです」だと、Everything's going according to schedule. です。as planned や go on as scheduled も「予定どおり」ですが、go according to schedule が慣用的に使われます。

❷ We're ahead of schedule.

ahead of schedule であれば「予定よりも早く進んでいる」という意味です。ほかにも a little ahead of schedule は「少し早く」、way ahead of schedule では「かなり早い進行」であることを表現できます。

❸ We're back on schedule.

be back on schedule で「スケジュールに戻った」つまり「遅れを取り戻した」「当初の予定に戻った」と意味になります。be back to normal ということと同じです。

❹ We're almost finished.

部下が上司に報告する場合で言うことが多いですが、上司がこう言えば「ゴールは目の前だよ！」と励ましの言葉に聞こえます。作業の終わり近くに使うと効果的ですね。「最終確認をしています」は、I'm doing a final check.「最終確認」には、final check や final confirmation を使います。

CHAPTER 4 上司と部下の会話

075 売り上げを報告するなら、この4フレーズ！

TRACK #15

CHECK

☐ ❶ 売り上げは順調です。

☐ ❷ 売り上げは横ばいです。

☐ ❸ 去年から売り上げが鈍っています。

☐ ❹ 売り上げは下向きです。

❶ Sales are strong.

strong が sales を修飾すると「売れている」という意味になります。「売上高」は sales figures と言うので、Our sales figures are up. という表現も可能です。「売り上げが伸びている」場合は「拡大する」という意味の語 expand を使って、Sales are expanding. と言えます。

❷ Sales are flat.

flat には「横ばいの」という意味があるので、Sales are flat. や Sales stay flat. で「売り上げが横ばいだ」と言えます。もしくは、Sales remain at the same level. という表現も可能です。

❸ Sales have been sluggish since last year.

sluggish は「ゆっくりした」という意味ですが、経済上の表現では「低迷している」「不振な」の意味になります。ちなみに、「落ち込む」には down を使います。「大阪支社の売り上げが落ちています」と言う場合は、Sales at the Osaka branch are down. になります。

❹ Sales are going south.

go south の直訳は「南へ行く」ですが、「低下する」「下向く」「暴落する」「失敗する」の意味もあります。また、「がた落ちする」「急降下する」を表すには、drop sharply や plummet が使えます。「売り上げが一気に落ち込みました」は、Sales dropped sharply. と表現します。

076 | 問題を報告する なら、この4フレーズ！

TRACK #15

CHECK
- ❶ ひとつちょっとした問題があります。
- ❷ 手違いがありまして。
- ❸ どうやら手違いがあったようです。
- ❹ めどは立っていません。

❶ There's been a little problem.

「ちょっとした問題がひとつ」は a little problem。まだ解決していないなら、We had とせず、継続を表す There's been を使います。「ほんのちょっと」という意味の形容詞 slight を使い、We have a slight problem. という言い回しもできます。

❷ There was a misunderstanding.

もし過失によるならば、mistake と言ってもいいでしょうが、作業過程においてコミュニケーションの行き違いがあったと思われるなら、できる限り mistake は避け、misunderstanding を使ったほうがトラブル回避につながるでしょう。

❸ It seems like something went wrong.

トラブルがあった時は、まずは婉曲表現をおすすめします。seems like... は「どうやら～のようです」と言う意味で、断言せずに言葉を濁すときの言い方です。「手違いがある」には、go wrong がいいでしょう。

❹ There's still no light at the end of the tunnel.

「めどが立つ」とは「見通しがつく」ということ。英語にはこれにぴったりの表現があります。「トンネルの終わりに光が見える」、つまり「見通しがつく」という表現で see the light at the end of the tunnel と言います。ここでは「めどが立っていない」ので否定形です。

089

CHAPTER 4　上司と部下の会話

077 経費削減を徹底する
なら、この4フレーズ！

TRACK #15

CHECK
- ❶ 経費削減を心掛けるように。
- ❷ 紙を無駄遣いしないで。
- ❸ コピー用紙は裏まで使うように。
- ❹ これは必ずリサイクルしなさい。

❶ Try to cut down on expenses.

「経費削減」は、cost cutback や cost-saving などがありますが、動詞を使って表現するには、cut down on expenses や cut expenses という言い方をします。

❷ Stop wasting paper.

「無駄にする」という動詞は、waste です。Don't waste paper. または Stop＋動名詞の形で、Stop wasting paper. と言えます。また、waste の反対語 save「倹約する」「できる限り無駄にする」を使って、Save paper. と言ってもOKです。

❸ Make sure you copy on both sides of the paper.

紙は節約次第で経費削減になりますね。「裏まで使う」ということは、「両面使え」ということなので copy on both sides と言えば伝わります。ほかには、use both the front and the back of the copy paper も同じ意味になります。

❹ Make sure you recycle this.

日本語でも「リサイクル」で通用する recycle を使って言えます。Don't foget to recycle this. や Be sure to recycle this. と言ってもいいでしょう。

顧客応対と訪問

お客様がいらしたり、
自分がクライアント先を訪問したり、
顧客応対をする機会はよくあります。
ここではお客様に失礼のない
フレーズをまとめて紹介します。

CHAPTER 5

CHAPTER 5 顧客応対と訪問

078 客を迎える なら、この4フレーズ！
TRACK #16

CHECK

☐ ❶ いらっしゃいませ。

☐ ❷ お約束はございますか？

☐ ❸ お名前は？

☐ ❹ ええと、そちら様は…？

---

❶ May I help you?

これは、初めて迎える客に対し、どんな状況でも使える丁寧な表現です。このほかにも、どんな用件かを具体的に聞き出すには、What can I do for you? や How can I help you? などがあります。

---

❷ What time is your appointment?

面会の予約が入っているか確認する場合に、必ず聞く表現です。Do you have an appointment? でも同じ意味になりますが、こう言うと相手を少し怪しんでいる印象を与えてしまうので気をつけましょう。

---

❸ May I have your name?

May I ask for your name? もよく使う表現です。また、相手の名前が聞きとれなかったら、I'm sorry, could I have your name again, please? を使いましょう。また、Could you spell your name for me? と聞けば、正確な情報が得られる上、スマートな対応になります。

---

❹ And you're...?

途中で言うのをやめてしまっているような言い方ですが、これでさりげなく丁寧に名前を聞き出せます。ビジネスでよく使う表現なので覚えておきましょう。

079

TRACK #16

客を迎える
なら、この4フレーズ！❷

CHECK

- [ ] ❶ お待ちしておりました。
- [ ] ❷ ようこそおいでくださいました。
- [ ] ❸ すぐにお呼びします。
- [ ] ❹ 本日は、担当者が全員でお迎えいたします。

❶ We've been looking forward to seeing you.

We've been waiting for you. と言ってしまうと、あまり愛想よくありません。もし相手が遅れて来た場合に言うと、責めているニュアンスになるので要注意です。このフレーズだと、「〜を楽しみにしていた」という印象になるので、相手に好意的に伝わります。

❷ It's good to see you.

日常会話でもよく使う表現です。「会えてうれしい」という意味になりますが、慣用的にビジネスでも使う言い回しなので、気楽に使いましょう。

❸ I'll have him come right away.

right away「直ちに」を添えると、何かを中断してでも優先させる意志が伝わります。ほかの言い回しには、「お客様がお越しになられたことを伝えます」I'll let him know you're here. という具体的な内容も、相手に安心感が伝わるのでいいでしょう。

❹ Everyone involved will be here today.

顧客を迎える場合、表現でもオフィシャルなニュアンスが必要です。「担当者全員」は、everyone involved と言えます。「お出迎えする」は、will be here で伝わります。多少、粛々とした印象になりますが、「出迎える」「歓迎する」という意味の greet を使っても表現できます。

CHAPTER 5 顧客応対と訪問

080 客を待たせるなら、この4フレーズ！
TRACK #16

CHECK
- ❶ おかけになってお待ちください。
- ❷ すぐにまいりますので、もう少しお待ちください。
- ❸ ロビーでお待ちいただいてもよろしいですか？
- ❹ お待たせして申し訳ありません。

❶ Please have a seat while you wait.

「待っている間」つまり「担当者が来るまで」という状況を丁寧に伝える表現。Please have a seat. を、間違っても Please sit down. と言わないように注意しましょう。命令している印象になってしまいます。

❷ He'll be here in just a moment. Please wait a little while longer.

担当者が来ることを前置きすると、待たせる時間が少々延びても相手は納得するものです。「ただいま連絡しますので、少々お待ちください」I'll contact him right now. Could you wait for just a minute? という丁寧な言い方もOKです。

❸ Could I ask you to wait in the lobby?

Could I ask you to...? は「〜していただいてもよろしいですか？」という丁寧な頼み方です。また、「すぐにお呼びしますのでロビーでお待ちください」I'll let him know you're here. Please wait in the lobby. という言い方もあります。具体的に伝えるのは大事な気遣いです。

❹ I'm sorry to keep you waiting.

しばらく待たせてしまう場合によく使われる表現です。I'm sorry to have kept you waiting. も丁寧でスマートな言い方。また、Thank you for waiting. と言えば、待たせる時間の長さにかかわらず、柔らかな表現として慣用的に使われます。

081 | 客を案内する なら、この4フレーズ！

TRACK #16

CHECK
- ❶ どうぞこちらへ。会議室へご案内いたします。
- ❷ こちらでお待ちいただけますか。
- ❸ 斎藤がすぐにまいります。
- ❹ コートをおあずかりします。

---

❶ Please follow me.
Let me show you to the conference room.

社内を自分が誘導して案内する際に、使われる表現として、Please follow me. や This way, please. が自然です。show you to... で「（あなたを）ご案内します」という意味です。「会議室」は conference room または meeting room です。

❷ Could you wait here?

部屋やロビーで来客をしばらく待たせる場合には、こう伝えましょう。Would you wait here? でもいいですね。a moment をつけてもOKでしょう。「おかけになってしばらくお待ちください」なら、Please take a seat and wait here a moment. で表現できます。

❸ Saito-san will be with you in just a minute.

be with you で「対応する」という意味になります。未来形を使い、今は対応する人物がここにいないけれど「対応するためにやって来る」という言い方です。ほかには、be on one's way「～はこちらに向かっている途中で」という意味なので、相手を待たせない安心感が伝わります。

❹ Let me take your coat for you.

手を添えながらこう言うと親切で自然な表現。「コートをお掛けします」なら、Let me hang up your coat. です。コートでなくても、もし相手が上着を脱いで手にしていたら、jacket に言い換えて、同じようにあずかりましょう。

CHAPTER 5 顧客応対と訪問

082
TRACK #16

お茶を出す
なら、この4フレーズ！

CHECK
- ① よろしければお茶をどうぞ。
- ② コーヒーと紅茶はどちらがよろしいですか？
- ③ ミルクと砂糖はいかがですか？
- ④ カフェイン抜きもございます。

---

❶ Have some tea, if you'd like.

お茶をすすめる時、if you'd like をつけると、押しつけがましくないスマートなすすめ方になります。また、「どうぞご遠慮なく」と言いたい時は、Please help yourself. です。お茶を出す時には「はい、どうぞ」Here you are. と言葉を添えるといいでしょう。

❷ Would you like coffee or tea?

Would you like...? は「〜はいかがですか？」と相手に何かをすすめるための丁寧な勧誘表現です。ビジネスシーンでは万能に使えます。

❸ How about milk or sugar?

How about...? は使い勝手のよいフレーズです。「〜をどう思いますか」「〜をどうお考えですか？」のように相手に意見を求めるだけでなく、「〜はどうしましょうか？」のように相手の気持ちや都合を聞くこともできます。

❹ We also have decaf coffee.

「カフェイン抜き」を caffeineless と言ったらNGです。これは和製英語です。caffeine-free ならばOKですが、通常 decaffeinated と言われます。その略語で、よく使う言葉が decaf です。

083 来訪を感謝する なら、この4フレーズ！

TRACK #17

CHECK
- ❶ このたびはご足労いただきましてありがとうございます。
- ❷ 遠いところをわざわざお越しいただきまして、感謝しております。
- ❸ 本日は、このために時間を割いてくださったと伺っております。本当にありがとうございます。
- ❹ 社長自らおいでいただき、感謝の言葉もありません。

---

❶ Thank you for coming today.

相手の来訪を感謝するひと言です。これを言えば相手に柔らかい印象が伝わります。「ご足労」は、come でOKです。visit と言ってもいいでしょう。

❷ I really appreciate you coming all this way to see me.

ありがたく思っている気持ちを伝える時に、appreciate を使うととても丁寧な言い方になります。appreciate は「評価する」以外に「〜をありがたく思う」「〜に感謝する」という意味があり、thank の丁寧な表現としてよく使われます。

❸ I heard that you made time just for this. I really appreciate it.

忙しい相手に対し、感謝の気持ちを伝えることは大切です。特に訪問した顧客には、丁寧な表現で対応します。「このために」と言う場合、just for this と言えば下手に出ているのが伝わるでしょう。

❹ Words can't express how thankful we are to have the president himself visit us.

英語では、相手に対し「社長」と呼ぶ言葉はなく、Mr. President と言ってしまうと「大統領」という意味になるので要注意です。「〜の言葉がない」は「言葉では言い表せない」ことなので、words can't express を使うといいでしょう。

CHAPTER 5　顧客応対と訪問

084
TRACK #17

同僚・上司を紹介するなら、この4フレーズ！

CHECK

☐ ❶ 鈴木を紹介させてください。

☐ ❷ 私どもの営業部長の小林トオルを紹介します。

☐ ❸ こちらは、この春シアトル支社から戻って来た早川です。

☐ ❹ 営業部の吉田はご面識ありましたでしょうか？

---

❶ I'd like to introduce Suzuki-san.

自分の上司や部下を紹介するとき、日本語なら苗字を呼び捨てにしますね。英語では、身内でも -san をつけることが多いです。状況によって Mr./Ms. になってもOKですが、やや堅苦しい印象になるので、実際は -san が多いようです。

❷ Let me introduce you to Toru Kobayashi, our sales manager.

「営業部の部長」は、sales manager もしくは in charge of...「〜の担当」を使います。その部署の責任者や一番トップの人を指す表現です。

**❸ This is Hayakawa-san.
He got back from our Seattle branch last spring.**

「戻った」は、got back もしくは、has returned で表せます。「支社」は branch office で BO と略されることもありますが、口語では branch office in XX もしくはこのように、XX branch でじゅうぶんです。また、「この春」とは過ぎたことなので、last spring と言わなければなりません。

❹ Do you know Yoshida-san from the Sales Department?

「面識がある」は、know が使えますが、オフィシャルに表現するならば、「顔見知りだ」というニュアンスを含み、「知人」という単語 an acquaintance を使って言うこともできます。

085 | 手土産をもらう なら、この4フレーズ！

TRACK #17

CHECK

- [ ] ❶ お気遣いどうもありがとうございます。
- [ ] ❷ ご丁寧に！
- [ ] ❸ ご厚意誠に恐れ入ります。
- [ ] ❹ 後で、皆でありがたくいただきます。

---

❶ Thank you. That's very thoughtful.

手土産をいただいた場合に使うのが、Thank you. That's very thoughtful. という言い方。thoughtful は「心のこもった」「気が効いた」ことをしてくれたときによく使う言葉。フォーマルな場面で感謝する際の表現です。

❷ What a nice gesture!

gesture は「意思表示」「気持ちのしるし」という意味の語で、「あなたのお気遣いが伝わりましたよ」という気持ちが伝わります。That's very kind of you. と言うのもいいですね。同じく「ご丁寧に」というニュアンスです。

❸ You shouldn't have.

You shouldn't have. は、You shouldn't have done that. を短縮した仮定法過去完了の文です。過去の事実に反したことを述べる場合に使われ、「あなたはそうするべきではなかったのに、実際はそうしてしまった」が本来の意味になります。「わざわざありがとうございます」という表現です。

❹ I'll share this with everyone later.

「皆でいただく」は、share XX with everyone が自然です。「ありがたく」は、副詞の gladly を入れてより丁寧に伝えることも可能ですが、特になくてもOKでしょう。ちなみに、gratefully を使って「ありがたく頂戴します」と言う言い方も覚えておきましょう。I will gratefully receive it. となります。

CHAPTER 5 顧客応対と訪問

086
TRACK #17

相手を見送る
なら、この4フレーズ！

CHECK

☐ ❶ 本日はお忙しいところをお越しいただきありがとうございました。

☐ ❷ お気をつけてお帰りください。

☐ ❸ エレベーターまでお送りします。

☐ ❹ 皆様によろしくお伝えくださいませ。

---

❶ Thank you for taking the time out of your busy schedule to come.

take time to... で「～をするのに時間をかける」という言い回しで、Thank you for taking the time to come. と言うことができます。より丁寧に伝えるには、「お忙しいところを」を添えましょう。その場合、to come の前に、out of your schedule を添えればOKです。

---

❷ Be careful on your way home.

先方の帰路を気遣う言葉もあるといいですね。その場合は、on one's way home が使えます。もし、相手が車で帰るなら、Drive safe.「運転をお気をつけて」などと言うと自然でしょう。

---

❸ I'll see you off at the elevator.

see someone off は「～を見送る」という意味。「ここで失礼いたします」と言う場合は、I'll see you off here. ですが、お客様が乗るエレベーター前で「さようなら」と言うつもりなら at the elevator を使います。

---

❹ Please give my regards to everyone.

give my regards to... は「～によろしくと伝える」という表現です。(先の章にあった) 同僚の親に話す場面では、Give my best regards to your family. というフレーズを紹介しましたが、接客の場合は略式でなく、Please を添えて丁寧に伝えましょう。「皆様」は、everyone でOKです。

087 受付でのやりとり なら、この4フレーズ！

TRACK #17

CHECK

☐ ❶ ジョージさんはいらっしゃいますか？

☐ ❷ 3時に約束しています。

☐ ❸ リンダ・ガルシアさんと4時15分に約束しています。

☐ ❹ 約束の時間に遅れることは、さきほどマイケルさんに電話しました。

❶ May I see George?

「ジョージさんはいらっしゃいますか？」は、May I see George? ですが、「ジョージさんはお手すきでしょうか？」は、available を使い、Is George available? と言うことができます。

❷ I have a 3:00 appointment.

予約が入っていることを伝える言い方です。時刻の前に必ず冠詞が必要となるので忘れずに。自分の名を申し出る場合は、I'm Ken Kawai. I have an appointment at 5:00.「5時にお約束しております河井ケンです」というように伝えます。

❸ I have an appointment with Linda Garcia at 4:15.

「誰と」「何時に」と具体的に伝える時に使う表現です。Linda Garcia is expecting me at 4:15. と言うこともできます。expect を使う場合は、相手を主語にします。

❹ I called Michael earlier and told him that I'm behind schedule.

訪問先の受付で、到着の時間が遅れたことを伝えることもあります。受付に伝わっていないと仮定して、先に担当者に直接連絡を入れたことを伝える場合、このようにわかりやすく伝える必要があります。「約束の時間より遅れる」は、behind schedule で OK です。

CHAPTER 5 顧客応対と訪問

088 訪問時のあいさつ なら、この4フレーズ！

TRACK #18

CHECK

- ❶ （部屋に通されて入る時）失礼いたします。

- ❷ ご無沙汰しております。1年ぶりでしょうか？

- ❸ 皆さんお元気そうで何よりです。

- ❹ 相変わらずお忙しそうですね。

❶ Excuse me.

部屋に入る時の「失礼いたします」にあたる表現は、Excuse me. が自然でしょう。これなら失礼になりません。

❷ It's been a while. The last time we met was a year ago, right?

「ご無沙汰しています」や「お久しぶりです」は、It's been a while. や It's been a long time. が決まり文句としてよく使われます。親しい仲ならば、Long time no see. で OK です。

❸ You look like you're all doing well.

「お元気そう」は、「〜に見える」という言い回しの look like を使うのがいいでしょう。ビジネスで言う「お元気そう」は、特に個人的なことでない限り、相手の健康状態のことではないので、do well が適しています。

❹ You seem busy as usual.

seem を使って「〜のようだ」を表現します。look like も「〜のようだ」という意味ですが、look like が目に見えてわかるような健康状態などに使うのに比べ、seem は「〜らしい」に近く、相手に関する情報を得て判断したり、話し手の主観が入るので、微妙な違いがあります。

089 初対面のあいさつ なら、この4フレーズ！

TRACK #18

CHECK
- ❶ はじめまして。ABC社の高山です。
- ❷ 実際にお目にかかるのは初めてですよね？
- ❸ 名刺を交換できて光栄です。
- ❹ 今後とも長いおつき合いをよろしくお願いいたします。

❶ **Hello, nice to meet you. I'm Takayama from ABC.**

「はじめまして」も hello で OK です。「〜のXXです」と言う時には、XX from... と言います。電話では、This is XX of（会社名）と言うこともありますが、訪問先では、from を使うのがよいでしょう。

❷ **I think this is our first time to meet.**

I think は、直訳だと「私は思います」ですが、「確か〜ですよね？」というニュアンスで使う場合に便利な言い回しです。「初めてお目にかかる」と言うには、our first time to meet となりますが、「じかに会う」という意味の in person を添えることもあります。

❸ **It's an honor for me to exchange cards with you.**

「お会いできて光栄です」という言い方は、ビジネスの場でしばしば必要になります。ここでは「名刺を交換できて光栄だ」ですが、よく使われる言い回し「お目にかかれて光栄です」と言うには、It's an honor to meet you. や I'm honored to meet you. などがあります。

❹ **I've been looking forward to working with you for a long time.**

日本語でよく言われる「今後とも長いおつき合いをよろしくお願いいたします」という文言は、英語にすると「今後も一緒にお仕事させていただくのを楽しみにしています」という言い回しが最も自然でしょう。

CHAPTER 5 顧客応対と訪問

090 手土産を渡す なら、この4フレーズ！

TRACK #18

CHECK

- ❶ つまらないものですが。
- ❷ お口に合いますかどうか。
- ❸ お菓子をぜひにと思ってお持ちしました。
- ❹ 皆さんで召し上がってください。

---

❶ I picked up a little something for the staff.

「つまらないもの」と言って土産を渡すのは日本独特の表現なのでそのまま英語にはできません。little something「ちょっとしたもの」「ささやかな贈り物」という表現を使えば、本来の意味に近いニュアンスが出せます。

❷ I hope you like it.

「気に入っていただけるといいのですが」が直訳です。自信を持って、This should be delicious.「おいしいから！」などと言うのは、よほど親しい関係になってからがよいでしょう。定番表現の I hope you like it. を覚えておくと便利です。

❸ Here are some snacks for everyone.

手土産を差し出す時にかける言葉「お持ちしました」を、bring を使って言えなくもないですが、その動作はそこに来るまでのこと。「どうぞ」という気持ちを込めて、Here are... がスマートな表現です。

❹ Please share this with everyone.

「皆さんでどうぞ」と品物を渡しながら言う場合、「分け合う」という意味の、share with を使い、Please share this with everyone が自然です。

091
TRACK #18

謝罪をする なら、この4フレーズ！

CHECK

☐ ❶ お忙しいところ、お時間をいただき申し訳ございません。

☐ ❷ 本日は、お約束の時間に遅れてしまい、申し訳ありませんでした。

☐ ❸ 何度も約束の時間を変更してしまい、申し訳ございませんでした。

☐ ❹ 一緒に来る予定だった丸岡の欠席をおわびいたします。

---

❶ I'm really sorry to take up your time when you're so busy.

おわびを言う際は、I'm sorry for の後に何に対して謝っているかをわかりやすく続けるのが大事です。「時間をいただく」は「時間を取る」という take up your time が使えます。「忙しいのに私たちのために」には、when you're so busy でOKです。

❷ I'm very sorry for being late.

「遅れてすみません」ならば、I'm very sorry for being late. でOKですが、より丁寧に伝えるならば、「せっかく約束を入れていただいたのに」という含みを込めて、coming later than scheduled と言うと好感を持たれるでしょう。

❸ I'm sorry for changing the appointment so many times.

もし、時間変更を一度だけでなく相手に迷惑をかけてしまった場合、so many times を添えて謝るのも大切です。I have to say, を頭につけてもスマートです。

❹ Maruoka-san was supposed to come, but I'm afraid he can't.

「一緒に来る予定だった」は、be supposed to...「〜することになっている」「〜する約束である」という、義務や取り決めがある前提で表現されるイディオムが便利です。I'm supposed to be here tomorrow.「明日ここに来る予定です」など、いろいろな使い方ができます。

CHAPTER 5 顧客応対と訪問

092 お礼をする なら、この4フレーズ！
TRACK #18

CHECK
- ❶ 本日は、貴重なお時間をありがとうございました。
- ❷ そちらの業務を見せていただき、ありがとうございました。
- ❸ 新しいご提案をありがとうございました。
- ❹ こちらの条件を受け入れていただき感謝しております。

❶ Thank you for your valuable time today.

「貴重な」という意味の英語は、important や precious も思いつくと思いますが、前者は「大切な」という意味ですがややあいまいですし、後者は「かけがえのない」つまりお金には代えられないというニュアンスになるので、ビジネスにおいて「貴重な」という意味では、valuable が最適です。

❷ Thank you for showing us your operation.

ビジネスに関して「業務」という場合、業種にかかわらず、work もしくは operation がいいでしょう。たとえ現場の作業まで見なくても、企業のシステムや活動内容を紹介してくれたことに対する感謝の気持ちが伝わります。

❸ Thank you for your new proposal.

「提案」は、suggestion でも OK ですが、proposal のほうがより具体的な提案を指します。ビジネス上でよく使われる言葉なので覚えておくといいでしょう。

❹ Thank you for taking this matter into consideration.

「こちらの条件」は、具体的な取り決めのことでなくても、this matter で言い表せます。take XX into consideration で「XX を考慮に入れる」つまり「受けてくれる」というニュアンスになります。considering XX と同じ意味です。

093 訪問先から失礼するなら、この4フレーズ！

TRACK #18

CHECK

- ❶ それでは、おいとまさせていただきます。
- ❷ そろそろ失礼しなければ。
- ❸ お約束のお時間がそろそろなくなりそうですね。
- ❹ 次回お会いした時に、お話の続きをお聞かせください。

❶ Well, I think I should be going now.

帰りを告げながら、腰を上げる際に言う表現です。well はつなぎの表現で「さてと」「それでは」のニュアンス。帰ることを切り出す時に便利です。I think I should be... を使って「〜しなければなりません」を柔らかく表現すると自然でしょう。

❷ I'd better be on my way.

I'd は I had の短縮形で、ふだんの会話ではこちらの短縮形を使います。I'd better be going. でも OK です。これらの言い方はスマートで、かつビジネスの場面でも自然な表現。さらに、頭に I think をつけると、戻って仕事がまだある印象になるので、引き上げる際の自然な流れになります。

❸ It looks like we're almost out of time.

約束の時間が終わりそうだと告げるのは、相手の時間も気にかけている印象になります。be out of time「時間がなくなる」という表現が使えます。また、「気がつかないうちにこんな時間になってしまった」と言うには、時間がなくなるという表現によく使うイディオム slips away「こっそり去る」がスマートです。

❹ I'm looking forward to hearing the rest next time.

相手の話が興味深かったり役に立ったりして「またぜひ次を聞きたい」と言いたい時、または退席するきっかけの言葉として、こんな表現は便利です。「話の続き」は「話の残り」という意味なので、the rest と言えます。

COLUMN 2　Positions　役職

　最近は外資系企業でなくても、名刺にもよく英名の役職（肩書き）が添えられています。英語で役職を言わなければならないことも多々あるはずなので、自分の役職も含め、自社スタッフや取引先担当者の役職を英語で何と言うか、しっかり覚えておきましょう。
　役職の種類は企業形態や書式の規模、業種によって表現が違いますが、一般的に外資系企業の役職は、日本企業の肩書きよりも業務内容重視でつけられる傾向があります。

一般的な役職名

会長	Chairperson
最高責任者	CEO (Chief Executive Officer)
専務取締役	Executive Managing Director
常務取締役	Managing Director
代表取締役	Representative Director
取締役	Director
社長	President
副社長	Executive Vice President
部長／室長／支店長	General Manager / Department Manager
部長代理	Deputy General Manager
課長	Section Manager / Team Leader
次長	Deputy Manager
係長	Assistant Manager
主任	Supervisor / Chief
社員	Staff

電話対応

電話を取った時の第一声から、
不在時の応対、
アポイントを取る時の言葉、
電話を切る時の言葉など、
電話をかける時や受けた時に使える
フレーズをまとめました。

CHAPTER 6

CHAPTER 6 電話対応

094 電話を取る
なら、この4フレーズ！

TRACK #19

CHECK

☐ ❶ ABC社、経理課の斎藤です。

☐ ❷ お待たせいたしました。ABC社です。

☐ ❸ 営業部におかけですね？
（つなぎますので）お待ちください。

☐ ❹ 番号をお間違えのようです。

**❶ Hello, ABC.
The Accounting Department, Saito speaking.**

電話に出る際、まず社名を告げます。そして、部署の名前に続けて、電話を取った人物の名前を告げます。名前の後には speaking をつけるのがオフィシャルな対応です。

---

❷ Thank you for waiting. ABC.

すぐに電話に出なかった場合、より丁寧な対応が必要です。「お待たせしました」Thank you for waiting. と言って社名を名乗ります。部署を言う場合は、「ABC販売部です」なら、ABC Accounting Division. になります。

---

❸ You would like to speak to the Sales Department? Just a moment.

平叙文でも尻上がりに言うと、「〜ですね？」と相手に確認する含みがあります。それに続けて「お待ちください」Just a moment. を言うと自然な流れになります。

---

❹ I think you have the wrong number.

相手が番号を間違えたとわかった場合、mistake は使わないように。「あなたが間違えた」という印象を避け、「違う番号」wrong number を使います。I think を I'm sorry, に代えても構いません。

095 | 用件を聞く
なら、この4フレーズ！

TRACK #19

CHECK

☐ ❶ どのようなご用件でしょうか。

☐ ❷ どちら様でしょうか？

☐ ❸ すみませんが、もう一度お名前をお願いします。

☐ ❹ もう一度おっしゃっていただけませんか？

❶ How may I help you?

社名を言った後に、このように用件を尋ねるのが自然な電話の取り方です。ほかに言える表現には、How can I help you? や What can I do for you today? などがあります。

❷ Who's calling, please?

電話口で慣例的に尋ねる言い方です。Who are you? は「お前は誰だ」と相手をいぶかしがるニュアンスになるので、注意すべきです。また、I'm sorry, may I ask your name? や 相手の名前をさりげなく引き出す I'm sorry, and you're...? という聞き方もあります。

❸ I'm sorry, could I have your name again?

聞き取れなかった場合は、again を使えば失礼なく尋ねられます。I'm sorry, may I ask who's calling again? も同様です。for me をつけると「（聞き取れなかった）私のために」というニュアンスが込められるので丁寧です。

❹ Could you please repeat that?

電話では、話の内容が聞き取れない以外にも、相手の話が理解しづらいこともあるでしょう。何より大切なのは正確な情報なので、わからない場合はもう一度尋ねましょう。repeat を使うのが自然です。

CHAPTER 6 電話対応

096 | 保留にする
なら、この4フレーズ！

TRACK #19

CHECK

- ❶ 少々お待ちください。

- ❷ すみません、ただ今話し中です。少々お待ちいただけますか？

- ❸ お待ちください。別の電話が入りました。

- ❹ ABC社です。どちらへおつなぎしましょう？

---

❶ One moment, please.

One moment, please. は、いったん電話を保留にする時によく使う表現です。ほかには「電話を保留にする」という意味の hold on を使った Hold on a moment, please. でもOKです。簡略した言い方の Please hold. や「電話を切らずに待つ」という意味の Hang on a moment. もよく使う言い方です。

❷ Sorry, the line is busy now. Could you hold for a moment?

「電話で話し中」は、「電話の回線が忙しい」という言い回しになる the line is busy で表現できます。ほかに、XX is on the phone. で「XXは通話中です」という表現になります。

❸ Hold on, please. I have another call.

電話を受けている時にほかの電話が入った場合は、まず短く Hold on と伝え、すぐに I have another call. と言いましょう。先方は待ってくれるはずです。

❹ ABC. How may I direct your call?

電話の転送をする時に、direct「案内する」という単語を使って丁寧に尋ねるフォーマルな表現です。Who would you like to speak to? や With whom do you wish to speak? も電話口で尋ねる時によく使う言い方です。

097 声が聞き取れない なら、この4フレーズ！

TRACK #19

CHECK
- [ ] ❶ 電話の声がよく聞こえません。
- [ ] ❷ お声が遠いようです。もう少し大きな声でお願いします。
- [ ] ❸ 回線の調子が悪いようです。
- [ ] ❹ いったん電車を降りてから、おかけ直しいただけますか？

❶ I can't hear you very well.

「あなたの声が聞こえない」という意味で、can't hear you です。very well を添えて「あまりはっきりとは」というニュアンスを伝えます。必要ならば、Could you を使い、復唱を請うのもいいでしょう。

❷ Your voice is hard to hear. Could you please speak up?

「声が遠い」は、can't hear very well でも構いませんが、「遠くに聞こえる」という意味で、sounds far away と言ったり、「声がかすかにしか聞こえない」という sounds faint などもいい表現です。

❸ I think we have a bad connection.

「通じにくくなっているようだ」というニュアンスで、a bad connection「回線の調子が悪い」「接続が悪い」を添えましょう。これだけでも「聞き取りにくい」と暗示する言葉なので、電話口ではよく使う言い回しです。I think を It seems like に代えてもOKです。

❹ Could you call us again after you get off the train?

相手が雑踏や電車の中からかけてきたために、声が聞こえないこともあります。先方も状況は把握しているはずなので、call again を使って、かけ直してもらうように伝えることも大事です。

CHAPTER 6 電話対応

098 担当者につなぐ
TRACK #19
なら、この4フレーズ！

CHECK

- [ ] ❶ 担当者におつなぎします。

- [ ] ❷ あいにくほかの電話に出ております。

- [ ] ❸ 田中さん、ABC社のスミスさんからお電話です。

- [ ] ❹ 外線1番でABC社の石井さんがお待ちです。

---

❶ Let me transfer you to the person in charge.

「電話を〜につなぐ」と言う時は transfer を使い、transfer you to... という言い回しにします。connect でも可能です。ほかにも、「担当者に話していただいたほうがいいと思います」の Maybe you'd better talk to the person in charge. もいい表現です。

---

❷ I'm afraid she's on another line.

be on another line で「ほかの電話にでている」の意味です。これは非常に頻度の高い表現なので覚えておきましょう。be on the other line も同様です。

---

❸ Tanaka-san, Mr. Smith from ABC is calling.

転送先の相手に、誰から電話が入っているか知らせる場合、XX is calling. と言い、電話の取次ぎ中であることを伝えます。It's Mr. Smith from ABC. でもOKです。It's の it は、telephone call のこと。かけてきた人の社名は、名前の後に from XX と続けます。

---

❹ Mr. Ishii of ABC is on line one for you.

for you を添えて、内線でつながった電話口の相手に、外線で待っている人物の名を伝えましょう。line one で「外線1番」です。

099 | 電話を代わる なら、この4フレーズ！

TRACK #20

CHECK

- ☐ ❶ お電話代わりました、中川です。どういったご用件でしょう。

- ☐ ❷ お待たせして申し訳ありませんでした。

- ☐ ❸ どんなご用件でしょうか？

- ☐ ❹ ただいま山本が外出中ですので、代わりに承ります。

---

❶ Hello, this is Nakagawa speaking. How may I help you?

初めて電話口に出る際は、hello でOKです。続けて、this is XX speaking と名乗りましょう。取り次ぎなどで、相手を待たせている場合はすぐに用件を聞きましょう。

---

❷ Sorry to have kept you waiting.

電話を代わるのに時間がかかってしまった場合は、開口一番におわびを言います。現在完了進行形を使って表現すると自然です。

---

❸ Is there something I can help you with?

「どのような用件か」を聞く場合、help with something「何かをして手伝う」が基本の文です。Is there anything I can do for you? と同じニュアンスになります。

---

❹ Yamamoto-san is out right now, but perhaps I can help you.

「XXは外出中です」は、XX is out です。もし、自分が代理で対応できそうなら、perhaps「たぶん」を添えて「私が承ります」I can help you と伝えましょう。他人のデスクにかかってきた場合は、開口一番に「XXの席です」と答えます。This is XX's desk. でOKです。

CHAPTER 6　電話対応

100 不在を伝える
なら、この4フレーズ！

TRACK #20

CHECK

☐ ❶ 申し訳ございません。
ただいま森は電話に出ることができません。

☐ ❷ あいにく、青木は席を外しておりますが。

☐ ❸ あいにく、たった今出かけてしまいまして。

☐ ❹ あいにく、佐藤は会議に出ております。

---

❶ Sorry,
Mr. Mori can't come to the phone at the moment.

「電話に出られない」とは、「電話口に来られない」ということなので、理由を告げなくても can't come to the phone で表現できます。詳細はその後に告げればOKです。

---

❷ I'm afraid Aoki-san is away from his desk.

I'm afraid は「あいにく〜」「恐れ入いますが〜」といったニュアンスで、I'm sorry, but... でもOKです。「席を外す」は、be away from his/her desk というと無難です。「中にいない」つまり「外出している」という意味になる be not in もいいでしょう。

---

❸ I'm afraid she just left.

she just left で「たった今出かけてしまった」という意味ですが、すでに退社したことを告げるのなら、She has left work today. や She has left for home today. となります。already を添えてもいいでしょう。

---

❹ I'm afraid that Sato-san is in a meeting right now.

担当者が席を外していたり電話に出られないだけでなく、くわしくわかれば状況に応じて先方に伝えるといいですね。会議中ならそれを告げると先方は状況がわかってくれるでしょう。「会議に出ている」は、be in a meeting で表現できます。

101 | 折り返しを約束する なら、この4フレーズ！

TRACK #20

CHECK
- ❶ 折り返しお電話させましょうか？
- ❷ 戻り次第、お電話さしあげます。
- ❸ サムは営業に出ております。のちほど電話させましょうか？
- ❹ お電話番号をいただけますか？

❶ May I have her call you back?

担当者が電話に出られない場合、電話をかけ直させることを告げる言い方です。have＋（人）＋（動詞）で「〜に〜させる」というイディオムです。「折り返し電話する」「かけ直す」は、call back もしくは、return one's call と言います。

❷ I'll have her call you as soon as she gets back to the office.

have＋（人）＋（動詞）に、I'll make sure を前につけると、彼女が電話をかけるのを私が責任持って確認する、という安心感を相手に与えることができる表現になるので、それもOKです。

❸ Sam is visiting a client. Shall I have him call you back?

「営業に出ている」は「顧客を訪問している」と表現できます。visit a client または be at a client's (office) で伝わります。「〜させましょうか？」には、shall I...? を使うと自然でしょう。

❹ Could I have your number?

担当者の不在時に電話がかかってきて、もし緊急を要すると判断した場合は、外から先方にかけさせることもよくあることです。電話番号を聞いて社員に伝える場合、このように言います。また、もし担当者が先方の電話番号を知っているとわかれば、I'll have him call you. などと伝えましょう。

CHAPTER 6 電話対応

102
TRACK #20

伝言を承る
なら、この4フレーズ！

CHECK
- ☐ ❶ よろしければ伝言を承ります。
- ☐ ❷ 席を外しております。ご伝言はございますか？
- ☐ ❸ スミスは出張中ですが、ご伝言があればどうぞ。
- ☐ ❹ 必ず伝えます。

---

❶ I can take a message, if you'd like.

take a message で「メッセージを受け取る」、相手からすれば leave a message「メッセージを残す」です。Please leave a message, if you'd like. で「よろしければ、伝言をどうぞ」とも言えます。

❷ She's away from her desk. Could I take a message?

be away from「席を外している」を使い、伝言を促します。be away from のほか、「見つける」「居場所を確認する」という意味の locate を使って、I can't seem to locate her.「彼女はちょっと見当たりません」という表現もよく使われます。

❸ Smith-san is away on business, but I can get a message to her.

「出張中」は、be on a business trip や be away on business という表現ができます。2つの文をつなげるには、but をはさむと自然な流れになります。

❹ I'll be sure to let her know.

let her know で「彼女に知らせる」つまり「彼女に伝える」となります。I'll be sure をつけて I'll be sure to let her know. とすれば、必ず伝えることが告げられます。

103 電話をかける
なら、この4フレーズ！

TRACK #20

CHECK
- ☐ ❶ もしもし、ABC社の吉岡と申します。
- ☐ ❷ 電話があったことだけ、お伝えいただけますか？
- ☐ ❸ 私の不在時に御社のスミスさんからお電話いただきまして、これは折り返しの電話です。
- ☐ ❹ のちほどかけ直します。

---

❶ Hello, this is Yoshioka from ABC.

電話をかける際、hello「もしもし」に続けて、my name is と言わずに this is（自分の名前）from（会社名）のように話すのが定番です。

❷ Would you just tell him that I called, please?

伝言を残すまでもない場合は、「電話があったことだけ伝えて」と言うことがありますね。日本語では「電話したことだけ伝える」というニュアンスですが、英語にすると「電話したことを伝えるだけ」という言い回しになるので、just は tell him/her につきます。

❸ I received a phone call from Mr. Smith when I was out, and I'm returning his call.

折り返しの電話をかけることも多いです。状況をシンプルに伝えるには、「XXから電話をいただいた」I received a phone call from XX、「自分の不在中」I was out と表現できます。「折り返しの電話をしている」と言うには、return that call または return his/her call が使えます。

❹ I'll call her again later.

「のちほど」は later でOKです。もし「3時頃」と言う場合は、again の後に around 3:00、「1時間以内に」なら in an hour を添えれば伝わります。

CHAPTER 6　電話対応

104
TRACK #21

電話をつないでもらう
なら、この4フレーズ！

CHECK

☐ ❶ 製造部の高野さんをお願いします。

☐ ❷ ほかの担当の方に代わっていただけますか？

☐ ❸ この件に関して責任者とお話したいのですが。

☐ ❹ リンダさんが出張から戻られていたら、つないでいただけますか？

---

❶ May I speak to Takano-san in the Production Department, please?

担当者の名を告げて取り次ぎを頼む時は、May I speak to（人名）? という聞き方が定番です。相手の部署名は名前の後につけ、（人名）in（部署名）とします。May I を Could I に換えてもOKです。「製造部」は、the Production Department で表せます。

❷ Could I speak to someone else in charge?

「代わって」と言う場合も、May/Could I speak to...? で言い表せます。「ほかの担当の方」は、someone else in charge です。in charge は「担当している」という意味のほか、その案件に責任を持つ人のことを指します。

❸ I'd like to talk to the person responsible for this matter.

「～に関する責任者」は、responsible person for... や person in charge of... で表現できます。「この件」は、状況によって this project に換えてもいいでしょう。ただ、this matter のほうが、若干ネガティブなニュアンスを含むので、相手は「何か問題でもあったな」と察してくれるでしょう。

❹ If Linda is back from her business trip, could I speak to her?

担当者が出張に出ていることを知っていて、そろそろ出張から戻る頃だろうという場合なら、このように聞けば自然です。ちなみに、出張に限らず「XXさんはお戻りでしょうか？」と聞く場合は、Is XX back? もOKです。

105 約束を取り付ける なら、この4フレーズ！

TRACK #21

CHECK

- [ ] ❶ 来週お会いしたいのですが。
- [ ] ❷ 3時に御社へお伺いしてよろしいでしょうか？
- [ ] ❸ 新しいプロジェクトについてご相談したいのですが。
- [ ] ❹ ご都合のよろしい時間の候補を複数教えていただけますか？

❶ I'd like to make an appointment to see you next week.

面会の予約を取る場合、make an appointment to... の基本型を覚えておけば応用が効きます。最も多いのは電話の相手に会う場合で、make an appointment to see you ですが、もし秘書に尋ねるとしたら、you の部分を Mr./Ms. XX に換えればOKです。

❷ Would it be possible to visit you at 3:00?

先方のおおよその都合を聞かされていたり、XX時頃にはいるので会えるなど、事前に情報を得ていたら、具体的に「XX 時に伺っていいでしょうか？」と聞くこともあります。Would it be possible to visit ...? は丁寧な言い回しでよく使われます。

❸ I'd like to talk to you about the new project.

予約の取り付けをしたい場合、面会で話したい内容をかいつまんで伝えるのは、相手にとってもいいことです。誰それに会いたい、と伝えた後に概要も伝えましょう。

❹ Could you give me some times that suit you?

「複数の時間候補」は、some times と言えばわかりますが、some times が sometimes に聞こえてしまう危惧がある場合は、Could you give me a list of times convenient for you? と聞いてもいいでしょう。

CHAPTER 6　電話対応

106
TRACK #21

約束の時間を変更する
なら、この4フレーズ！

CHECK
☐ ❶ 今日お会いする約束でしたが、急用ができてしまいました。

☐ ❷ お約束を金曜日に延期していただくことは可能ですか？

☐ ❸ 申し訳ございませんが、15分遅れそうです。

☐ ❹ 恐縮ですが、お約束の時間を元に戻していただくことはできますか？

---

❶ We're scheduled to meet today, but something suddenly came up.

「お会いする約束をした」とは、「会うことが予定に入っている」ということなので、we're scheduled to meet という表現がしっくりときます。「急用ができる」は必ず覚えておきたいフレーズです。something suddenly came up が使えます。

❷ Would it be possible to postpone our meeting until Friday?

「～に延期する」というのは postpone until... を使います。postpone to... と思いがちですが、まず使うことがありません。もし until でなくて to ならば、change to... となるのが自然です。

❸ I'm sorry, but I'll get there 15 minutes late.

約束の時間に遅れるとわかった時点で、連絡するのは必須です。その際、できるだけくわしい時間を伝え、約束の時間を変更できるか確認しましょう。先方のスケジュールに余裕があれば、時間をずらしてもらえるでしょうが、そうでなければ、相手を待たせた時のおわびの言葉も用意しなければなりません。

❹ I'm sorry, but could we change the meeting back to the original time?

いったん入れた約束の時間を元に戻してもらえるか尋ねるには、change back to the original time「元の時間に戻す」を使います。I'm sorry を使わない言い方には、regarding...「～に関して」を使って regarding next week's meeting time とあらたまって言う表現もあります。

107 | 電話を切る
なら、この4フレーズ！

TRACK #21

CHECK

- ❶ 電話で失礼いたしました。
  では、来週お目にかかるのを楽しみにしています。

- ❷ 本日はお電話をいただきまして
  誠にありがとうございました。

- ❸ 長電話になってしまい、申し訳ございませんでした。

- ❹ では、失礼いたします。

---

❶ **Thank you for your time on the phone.
I'm looking forward to seeing you next week.**

電話で用件を済ませたということはオフィシャルでない、という考えから「電話で失礼しました」という言い回しが日本語にはあります。それを英語で表現するならば、thank you for your time on the phone「電話に出ていただいた時間をありがとう」が近いニュアンスになるでしょう。

❷ **Thank you very much for calling.**

電話をいただいたお礼は、thank you for calling に very much をつけて丁寧に言えばよいです。もし問い合わせの電話を受けたのだったら、「お問い合わせ」という意味の inquiry を使って、Thank you for your inquiry. という表現も使えます。

❸ **I'm sorry about taking up so much of your time.**

電話が長引いた場合、taking up your time で「時間を使わせて」に、so much of を入れて強調すると、「長電話になって」というニュアンスが伝わります。「お忙しいところ」while you're busy を入れたおわびのひと言を入れてもいいでしょう。

❹ **Thank you, bye.**

電話を切る際、日本語で必ず言う「失礼いたします」にあたる英語はありません。お礼の言葉 thank you に続けて bye と言うのが自然です。または、「ではそろそろ」にあたる I'd better let you go now. や I should let you go now. などを言った後に Goodbye を添えればいいでしょう。

COLUMN 3 Departments 部署

　おそらく英語で部署を説明したことのある人は、「部署」はdepartmentとdivisionのどちらを使うべきなのかを悩んだことがあるはずです。実は、このふたつは両方とも使われています。本書ではdepartmentを使っていますが、divisionと言ってもOKです。divisionよりdepartmentのほうが大きく、divisionは「課」を表す時に使うと覚えている方もいますが、逆の場合もあり、企業によってまちまちです。

　また、「課」もsectionやdivisionで表され、統一されていません。「課」以下の大きさだと、「室」「署」でoffice、「係」「班」でsectionを使う会社が多く見られます。

一般的な部署

総務部	General Affairs Department
人事部	Personnel Department
経理部	General Accounting Department
営業部	Sales Department
システム開発部	Systems Development Department
技術部	Engineering Department
製造部	Manufacturing Department
資材部	Procurement Department
広報部	Public Relations Department
海外事業部	International Business Department
宣伝部	Advertising Department
企画部	Planning Department
秘書課	Secretary Section
受付係	Receptionist

発注・受注

仕事の内容によっては、
商品の発注や受注、
製品や在庫について話したり、
時にはクレームに
応対することもあります。
そんな時に使える
フレーズをまとめました。

CHAPTER 7

CHAPTER 7 発注・受注

108
TRACK #22

注文をする
なら、この4フレーズ！

CHECK
- ❶ 御社の製品を注文したいのですが。
- ❷ どうやって注文したらいいですか？
- ❸ インターネットより、電話からの発注のほうが早いでしょうか？
- ❹ カタログと価格情報を送ってください。

---

❶ We'd like to place an order.

「注文する」は、order でもよいですが、place an order で「発注する」「注文を出す」を使ってみましょう。「プリンターを20台注文したいです」なら、We'd like to place an order for 20 printers. と表現できます。

❷ Could you tell me how to place an order?

相手に方法を聞く場合、Could you tell me how to...? を使うといろいろ言い回しができます。たとえば「そちらのホームページ上で注文書を見つけるには？」なら、Could you tell me how to find the order form on your website? となります。

❸ Would I get my order faster if I placed it by phone instead of online?

ここでは、2つの発注の方法に関して尋ねています。可能性のことを聞いているので、would を使います。instead of は「〜の代わりに」という意味で、「インターネットを使う代わりに電話のほうが早い」かという質問になります。

❹ Could you send me a catalog and price information?

Please send me... でも言えますが、Could you send me...? と言うほうが自然でしょう。「カタログ」は、catalogue と表記されることもありますが catalog が一般的です。

126

109 | 注文を受ける
なら、この4フレーズ！

TRACK #22

CHECK

- ❶ 毎度ありがとうございます。
- ❷ ABC社さんですか？本日は、くわしいご説明を用意しております。
- ❸ おいくつご入用ですか？
- ❹ 入荷したらご連絡さしあげましょうか？

---

❶ Thank you for calling.

「毎度ありがとうございます」という日本語と同じ英語はありません。Thank you for calling. や、場合によっては Thank you for calling again. が近いでしょう。Thank you for your interest in... と、最後に社名や店名を添えて言うこともあります。

❷ Is this ABC? I'd like to give you some details today.

以前に問い合わせのあった相手が、再び連絡をしてきたらチャンスです。製品の情報をくわしく伝え、注文受注にこぎつけましょう。「くわしい説明を用意している」は、give you some details が自然です。もしくは、「くわしく説明する」ということなので、explain things in detail と言っても伝わります。

❸ How many will you need?

日本語では丁寧な言い方でも、英語ではストレートな言い方しかありません。まだ相手は品物を手にしていないので、未来形を使って尋ねます。

❹ Would you like me to give you a call when we get them in?

問い合わせの品が品切れでも、すかさず引き止めることも大事です。Would you like me to give you a call...? と、連絡する旨を提案しましょう。「入荷する」は we get XX in と言うことができます。

CHAPTER 7 発注・受注

110 製品について聞くなら、この4フレーズ！
TRACK #22

CHECK
- ❶ 保証期間はありますか？
- ❷ この製品の製造国はどこですか？
- ❸ 来月発注すると価格は変わりますか？
- ❹ 製品が故障した時は、国内でも修理が可能ですか？

---

❶ Does this have a warranty?

「保証期間」は、warranty です。「保証期間はどれくらいですか？」と聞く場合は、How long is the warranty? でOKです。

---

❷ Where was this product made?

製品の製造国も気になりますね。このほかにもいくつか表現があるので覚えておきましょう。What's the country of origin of this product? や In what country was this product made? などもOKです。

---

❸ If I place an order next month, will the price change?

注文時期によって価格が変わることもあります。税率が変わったり、外貨の変動に左右されたり、また値下げ期間を設けたりすることもあるので、価格が安定しているかの問い合わせも重要です。「価格が変わる」は、未来形を使って will the price change? と言えばいいでしょう。

---

❹ If it breaks, can it be repaired domestically?

「国内で」は in-country でも構いませんが、「国内で」という意味の副詞 domestically をそのまま添えればスマートに伝わります。ちなみに「これは国産です」と言う場合は、This is a domestic product. となります。

111 在庫について話す なら、この4フレーズ！

TRACK #22

CHECK
- [ ] ❶ この製品の在庫はありますか？
- [ ] ❷ 在庫はじゅうぶんございます。
- [ ] ❸ あいにく在庫を切らしておりまして。
- [ ] ❹ もう1日お待ちいただけないでしょうか。

❶ Do you have this product in stock?

「在庫」は stock を使います。句動詞 in stock を物の後につける表現が多いですが、Is there stock of this product? とも言えます。「在庫はじゅうぶんありますか？」と聞く場合は、Do you have enough stock? となります。

❷ We have enough in stock.

在庫に余裕がある場合は、enough を使います。ほかの言い方に、For that product, we have lots of stock. もあります。

❸ I'm afraid it's out of stock.

「在庫を切らす」は「品切れ」です。in stock の反対語になる out of stock が使えます。また、すぐに入荷の予定を伝えられるなら、その説明も添えるといいでしょう。

❹ Could I ask you to wait one more day?

「もう1日」は、one more day。数日なら for a few days となります。「もう少しお待ちいただけないでしょうか」なら、Could I have you wait a little longer? という言い方がいいでしょう。先方の都合に合えば受注につながります。

CHAPTER 7 発注・受注

112 発送について話す なら、この4フレーズ！

TRACK #22

CHECK
- [ ] ❶ 発送はいつごろになりますか？
- [ ] ❷ 明日発送いたします。
- [ ] ❸ いつ到着しますか？
- [ ] ❹ お届け日はいつがよろしいでしょうか？

❶ When can you ship it?

「発送する」「出荷する」は ship を使います。もともと船便で送ったことから、輸送して送るものはすべて ship と言います。名詞形の shipment を使って、When is the shipment? と言うことも可能です。

❷ We'll send it out tomorrow.

「発送する」には、send (out) や ship (out) また deliver を使います。deliver を使う場合、「明日こちらから送り出す」ということなので、「明日の到着ではない」ということを間違えないように。

❸ When will it arrive?

品物が「届く」場合も、arrive を使います。こちら側に到着するのでなく、先方に在庫として品物が発送できるかどうかを知りたい場合、「いつ入荷しますか?」と聞くこともあります。When will it be in stock? や When will you get it? と表現します。

❹ When would you like it delivered?

顧客に対し、希望の到着日を尋ねます。「希望配達日」は requested delivery date で表せます。シンプルに When would be a good day to deliver? でもOKです。

113 | 苦情を言う
なら、この4フレーズ！

TRACK #22

CHECK
- ❶ 注文した品が届かないのですが。
- ❷ 注文とは違う製品が届いたのですが。
- ❸ 数が足りないのですが。
- ❹ 壊れているものが混ざっています。

---

❶ Our order hasn't arrived.

届かない状態が過去から現在まで続いているので現在完了形で伝えます。ほかに「先月注文した品がまだ届かないのですが」だったら、The order we placed last month hasn't arrived yet. と言えます。

❷ We got the wrong order.

たとえば「違うサイズのものが来ました」と言う場合は、The wrong size came. です。「違うもの」は goods that are different from what I ordered ということではありますが、「そちらが間違えたもの」であることが事実なので、wrong を使って構いません。むしろ、そのほうが一般的です。

❸ We didn't receive our full order.

「数が足りない」と言いたい場合は「全部が来ていない」と言えばOKです。この場合は同じ品物の数が少ないわけですが、もし「部品が足りません」と言うならば「あるべきものがない」「行方不明の」「欠落した」などという意味の missing を使って、Some of the parts were missing. と言います。

❹ Some of the items were broken.

もし、届いたものが破損していたら、Some of the items were broken. と伝えればよいでしょう。また、覚えのないものが入っていた場合は、We didn't order some of the items. です。「注文していないものが混じっています」という意味になります。

CHAPTER 7 発注・受注

114 苦情に対応する なら、この4フレーズ！

TRACK #22

CHECK
- ❶ 申し訳ございません。すぐにお調べいたします。
- ❷ 手違いで別のモデルを送ってしまいました。
- ❸ 今日中に代替品を発送いたします。
- ❹ 二度とこのようなことがないようにいたします。

❶ I'm sorry about that. I'll look into it right away.

look into は「〜をくわしく調べる」「原因を調べる」「調査する」の意味です。これに「すぐお電話いたします」and call you back を付け加えると正しい対応ですね。もし、「すぐに担当の者に調べさせますので」と言うなら、I'll have the person in charge look into this right away. となります。

❷ We sent you the wrong model.

「手違いで」には、副詞の mistakenly を動詞の前に入れることでも表現できます。たとえば、「違う日に電話してしまいました」は、I mistakenly called you on the wrong day. と言います。mistakenly のほかには、slip-up も使えます。「うっかりミス」や「不注意によるミス」を表現する時によく使われます。

❸ We'll ship a replacement today.

間違いを認めたら、直ちに対応の意志伝える必要があります。「代替品」「代用品」は、replacement と使って表現できます。

❹ I'll make sure this doesn't happen again.

I'll make sure... を使って「必ず〜するようにする」と約束します。「二度と起こさない」は、not happen again を使います。苦情の対応をした後は、謝罪の言葉も伝えましょう。「ご迷惑をおかけして申し訳ありませんでした」は We're sorry for all the trouble. などが自然でしょう。

会議

会社員に欠かせない
業務の一つが会議です。
会議を始めるひと言から、
賛成反対などの
会議で使うフレーズを紹介します。

CHAPTER 8

CHAPTER 8 会議

115 | 会議室に集合をかける
なら、この4フレーズ！

TRACK #23

CHECK

☐ ❶ 第二会議室を押さえておきました。

☐ ❷ 会議は何時から始まりますか？

☐ ❸ そろそろ会議室に行ったほうがいいね。

☐ ❹ 皆さん会議室に集まってください。

❶ I've reserved Meeting Room No. 2.

会議室の手配が済んだら、報告をします。日本語では「押さえておく」とよく言いますね。「予約してある」ということなので、reserved でOKです。「会議室」は、meeting room のほかに、conference room とも言います。

❷ What time will the meeting begin?

会議の始まりは大事な情報です。ほかの言い方なら What time does the meeting start? でもOKです。

❸ We'd better go to the meeting room.

時間が来たので、移動するという状況です。「～したほうがよい」というほど強めのニュアンスはなくても、had better... は、日常あらゆる状況でもよく使う表現です。go to 以外にも、be on one's way to... は「～へ向かう」「～へ向かって出発する」を使っても自然です。

❹ Would everyone please report to the meeting room?

「集まってください」は、Please gather in the meeting room. などで言えますが、ここではちょっと特殊な report の使い方を紹介します。report には「報告する」「指示を仰ぐ」「出頭する」などの意味がありますが、「集合する」という意味もあります。

116 会議の準備を進めるなら、この4フレーズ！

TRACK #23

CHECK
- [ ] ❶ 明日の会議の資料を用意してください。
- [ ] ❷ 資料は何部用意しましょうか？
- [ ] ❸ 資料を20部作ってください。
- [ ] ❹ プロジェクターの準備は万全ですか？

❶ Could you prepare the materials for tomorrow's meeting, please?

「明日の会議の資料」は the materials for tomorrow's meeting のように、for「〜のための」で表すことができます。資料はほかにも printout ということもできますし、handout であれば、「配布資料」のことになります。

❷ How many sets do we need?

How many sets...? は How many copies...? と置き換えることができます。「作る」は make にこだわらず、prepare でもじゅうぶん表せます。依頼されるのではなく、自分から手伝いを申し出る場合であれば、How many sets should we make? と言ってもいいでしょう。

❸ Could you make 20 copies, please?

「20部」は、20 copies もしくは 20 sets という表現が自然です。また、会議の資料には、参考データもつきものです。reference data も覚えておきましょう。よく使われる表現に、「添付する参考データ」があります。英語にすると、attached the reference data となります。

❹ Is the projector ready?

Is the projector ready? は、Is the projector ready to use? のことですが、「万全」という意味の「完全に」perfectly を添えてもOKです。ただ、くどい言い方は必要がないので、Is the projector ready? や Is the projector all right? でいいでしょう。

CHAPTER 8 会議

117 会議について話す
なら、この4フレーズ！

TRACK #23

CHECK

☐ ❶ きみも明日の会議に出るの？

☐ ❷ 会議が多くて、仕事にならないよ。

☐ ❸ あなたが今月の開発会議の議長をつとめてください。

☐ ❹ 会議は午後5時までに終わるようにしましょう。

---

❶ Are you going to attend tomorrow's meeting too?

担当者や議題によって、会議はさまざまです。「会議に出る」は、attend がよく使われます。「きみも明日出席するの？」と尋ねる場合、自分も出席するので文末の too を忘れないようにしましょう。

❷ I can't concentrate on my work because of all the meetings.

「仕事にならないよ」はなかなか集中して仕事ができないことを意味しています。すなわちここは、I can't concentrate on my work... でその状態を表すことができます。because of... はその理由を述べるフレーズ。ここで集中できない理由をしっかり伝えることができます。

❸ Would you chair this month's development meeting?

「〜の議長をつとめる」は chair で表せます。この場合は chair には a や the などの冠詞はつけず無冠詞になることを覚えておきましょう。「今月の会議」は this month's XX meeting で表すことができます。

❹ We'll try to finish the meeting by 5:00.

進行役は、会議開始前に予定を出席者に告げておきましょう。We'll try to... は「〜するようにしましょう」のニュアンスです。by 5:00「5時までに」という終了時間をあらかじめ伝えることで、出席者は集中できるでしょうし、会議の進行にも協力してくれるでしょう。

118 | 会議を始める なら、この4フレーズ！

TRACK #23

CHECK
- [ ] ❶ それでは会議を始めましょう。
- [ ] ❷ 資料は行き渡りましたか？
- [ ] ❸ 本日の会議は、月例会議と違って1時間長くなります。
- [ ] ❹ 全員お集りですね？

❶ All right, let's begin.

会議などを「始める」には、start ではなく begin を使います。両方とも「始める」という意味ですが、start が日常会話でよく使われるのに対し、begin はビジネス上でよく使われます。ですから、会議を始める際には begin が適しています。

❷ Did you distribute the documents?

会議に資料はつきものです。全員に配布できたかを確認するには、こんな表現がいいでしょう。「配布する」という表現は、pass out を使っても表現できます。

❸ Unlike the monthly meeting, this meeting will be an extra hour long.

「〜と違って」を表すには、unlike という便利な単語があります。たとえば、Unlike the previous product, the new one is foldable.「旧製品と違って、新製品は折りたたみ式になっています」などで使えます。「月例会議」は monthly meeting と言うことができます。

❹ Is everyone here?

会議の開始には、全員の出席を確認します。会議室を見渡しながら、「全員いますね？」という意味で、Is everyone here? でいいでしょう。「全員いるようですね」It looks like everyone's here. と言ってもOKです。

CHAPTER 8 会議

119 議題を提示する なら、この4フレーズ！

TRACK #23

CHECK

☐ ❶ 今日は営業戦略について話し合いたいと思います。

☐ ❷ 今日の議題は新製品の広告戦略についてです。

☐ ❸ 予定していた議題が少し変更されたのは、皆さん知っていますね？

☐ ❹ 本日は、3つの件について決定しなければなりません。

---

❶ Today I'd like to discuss our sales strategy.

ミーティングの進行役 (facilitator) は、ミーティングを始めるにあたり、必ず本日の議題を述べる必要があります。I'd like to discuss... のほかにも、We need to talk about... などの言い回しでもOKです。sales staratgy は「営業戦略」の意味になります。

❷ The topic of today's discussion is the advertising strategy for our new products.

「議題」は、subject, agenda, question などで言えますが、the topic of discussion が広く使えるので覚えておきましょう。「広告戦略」を advertising strategy と言うように、「XX戦略」と言いたい時は、XX strategy でOKです。

❸ Does everyone know about the small changes to the planned agenda?

予定が変わるのはよくあることです。会議の始めに、全員が知っているかどうか確認することも重要ですね。「少し変更した」は、「小さな変更があった」と置き換え、「予定していた議題」には the planned agenda を使いましょう。

❹ We have to decide on three matters today.

会議では複数の決議事項があると思いますが、このように最初に伝えるのは士気も高まります。decide three matters ではなく、decide on three matters となるので気をつけましょう。

120 | データについて話すなら、この4フレーズ！

TRACK #24

CHECK
- [ ] ❶ 各部署から、ひとりずつ現在の状況を報告してください。
- [ ] ❷ 前年度と今年度の実績の比較をお願いします。
- [ ] ❸ 営業報告は、週ごとに分けてもう少しくわしくお願いします。
- [ ] ❹ それは支社からのデータも反映されていますか？

❶ I'd like each department to report on your current situation, one at a time.

「報告する」には report を使いましょう。「現在の状況」は、current situation のほか、current condition や current status など、いくつかの言い回しがあります。「ひとりずつ」は one at a time という決まり文句があるので覚えておくと便利です。

❷ Please compare the year-on-year performance.

説明を請う際に、具体的なリクエストをすることがあります。「前年度と今年度の比較」には、year-on-year という「前年比」を表す便利な英語があります。今年度の報告をするのは当然ですから、この語だけで前年度との比較をすることが伝わります。「実績」には performance が自然な表現です。

❸ Let's show the sales report in weeks with more details.

Let's... と言うと、上から目線でなく、控えめで丁寧な命令になります。「週ごとの詳細」は「数週間における詳細」と言い換えて、in weeks with more detail が最もスマートな表現です。

❹ Does this include the branch data?

Does this include the data from the branch? と言うこともできます。データは集計上の数字のことが多いですから、「反映する」は「含まれる」という意味にとらえて、include を使います。

CHAPTER 8　会議

121 提案する
なら、この4フレーズ！

TRACK #24

CHECK
- ❶ 提案があります。
- ❷ 心当たりがあります。
- ❸ いいことを思いつきました。
- ❹ もっと思いきった戦略をとる必要があります。

❶ I have a suggestion.

ミーティングでこの言葉は希望の響きですね。I have a suggestion. や Here's a suggestion. はシンプルに耳に残ります。また、「アイディアがあります」も、I have an idea. や Here's an idea. で言うことができます。

❷ I have something in mind.

have in mind で「しようと思っている」「計画がある」といった意味があります。提案をする際には、人の心をつかむ言い回しです。特に、このフレーズを使う時には何かしら目的があるものなので、ビジネスという同じ目的を持った場で、この言葉は頼もしく聞こえるでしょう。

❸ I got an idea.

I've got an idea. は「アイディアがあって、今から説明したい」の含みですが、その場で考えたアイディアなら I got an idea. や How about this? が自然です。

❹ We need a more aggressive strategy.

aggressive は「積極的な」「攻めの」の意味です。We should buy aggressively.「我々は買いに攻めるべし」のように、副詞で使うこともよくあります。

122 | 提案する
なら、この4フレーズ！❷

TRACK #24

CHECK
- ❶ ちょっと待ってください。
- ❷ 試してみたいことがあります。
- ❸ こんな感じでどうですか？
- ❹ 提案になるのかどうかわかりませんが、お聞きください。

❶ Hold on a moment.

どうしても発言したい時、注意を引く言葉があります。Hold on a moment.「ちょっと待ってください」です。こちらの意見を聞いてもらえるでしょう。他にも、Hold it for a second. で「ちょっとそのまま」「ちょっと待って」「先に進めないで」という表現もありでしょう。

❷ There's something I want to try.

新しいことに挑戦する時に効果的な表現です。未知数のことながら、着目した自分を評価し、試させてもらいたい、というアピールが感じられます。try をほかの語に変えて、いろいろな言い回しができます。

❸ What do you think of this?

何かを提示する際、よく使われる表現です。「こんな感じですか？」と言うには、Like this?「こっちはどうですか？」には、How about this? などと、具体例を見せながら応答する場合にテンポよく話しましょう。

❹ I'm not sure if this will become a proposal, but let me say something.

会議では、できる限り建設的に発表するのが好ましいです。「提案と言っていいかどうか」という前置きをして話し始めるのもスマートです。I'm not sure if this will become a proposal, but... と言うのはその場にいる人の注意を引く表現です。

CHAPTER 8　会議

123
TRACK #24

賛成する
なら、この4フレーズ！

CHECK
- ☐ ❶ 条件つきで賛成です。
- ☐ ❷ 私も同じ意見です。
- ☐ ❸ いい案だと思います。
- ☐ ❹ 悪くないアイデアですよ。

---

❶ I agree with your plan on one condition.

相手の意見に賛成する場合、I agree with you. や I'm with you. というシンプルな表現がありますが、もし「賛成するけどひとつ条件がある」と言うなら、on one condition を添える言い回しができます。

---

❷ I have the same opinion.

誰かの発言に対して、自分も同じ考えであることを告げるひと言です。I agree with you.「あなたの意見に賛成です」と言うこともできます。この場合の you は、your opinion「あなたの意見」や、what you've said「あなたがおっしゃったこと」などを指します。

---

❸ I think that's a good idea.

a good idea は an interesting idea に換えてもいいでしょう。「すばらしい案だ」と言う時は、a wonderful idea や a great idea などとも言えます。また、英語では、何かを「いい」と言う時に、I like... ということがとても多いので、I like the idea! でも伝わります。

---

❹ That's not a bad idea at all.

「悪くない」＝「いい」という構図です。会話の中では、実に頻繁に That's not bad. や That's not a bad... という言葉が出てきます。単に good を使うよりも、いろいろなバリエーションで表現できるのも英語の面白さです。

124 賛成する なら、この4フレーズ！❷

CHECK

☐ ❶ その提案に賛成です。

☐ ❷ 一理ありますね。

☐ ❸ たしかに。

☐ ❹ それはいいですね。

---

❶ I second that motion.

second that motion で「その提案に賛成する」となります。「基本的には賛成です」は、generally と似たような使い方をする basically を使って I basically agree. と言えます。

❷ You have a point.

話の「重要な真意」をついている時に、have a point と表現します。「的を得ている」というニュアンスです。全面的に賛成かは別として、相手の論点に賛同した場合に使えます。

❸ That's true.

「それは本当ですね」「たしかにそうですね」と認める表現です。相手の言うことを認める言い方で、ことわざを使うこともあります。You hit the nail on the head. で「釘で頭を直撃する」が直訳ですが「まさにそのとおり」「本質をついてます」「図星です」という意味です。

❹ That's an idea.

「それもひとつの考えだ」が直訳です。よい考えに窮しているときに誰かがよいアイデアを出し、「それはいい考えだね」「名案だね」「ありえるね」のひと言になります。That's a good idea. と同じ意味合いと考えれば間違いないでしょう。

CHAPTER 8　会議

125　反対する
なら、この4フレーズ！

TRACK #25

CHECK
- ❶ 賛成できません。
- ❷ それは間違っていると思います。
- ❸ そんなリスクはとれません。
- ❹ 反対案があります。

❶ I can't agree.

「賛成できない」と言うには、I can't agree. や I don't agree with you. でよいですが、控えめな言い方をすれば、I'm afraid I can't agree with that. という言い回しもできます。「ちょっとそれは賛成できませんね」といったニュアンスになります。

❷ I don't think that's right.

提示された資料や意見に異論があった場合は、wrong を使うこともありますが、I think you're wrong.「あなたは間違っている」と言ってしまうとけんかを売っている印象になりかねません。I don't think that's right. なら、攻撃的なニュアンスがなくなります。

❸ We can't take that risk.

take a risk で「リスクを負う」「危険な賭けをする」の意味になります。that risk や such a risk で「そんなリスク」と表現できます。

❹ We'd like to offer a counterproposal.

反対するだけでは議論は進みません。「反対案」counterproposal や「代替案」alternative proposal があることを提示することは、建設的な姿勢の表われです。そう置きして、積極的に提案しましょう。

126 | 反対するなら、この4フレーズ！❷

TRACK #25

CHECK
- ❶ その計画には修正を加える必要があります。
- ❷ その動議の見送りを提案します。
- ❸ 受け入れられないという結論に達しました。
- ❹ 反対意見がいくつも出ましたが、理由をまとめると2つあるようですね。

❶ This plan needs to be revised.

建設的な意見を述べることも大切です。既存のプランを修正する案を提示するには、詳細を述べる前にまずこのように表現できます。「修正を加える」は、needs some changes と言ってもOKですが、ただ変えるのではなく「修正する」という点を伝えるため、revise「修正する」を使うとスマートです。

❷ I suggest tabling the motion.

table には「後回しにする」「保留する」の意味になる動詞でもあり、table a motion で「〜動議を見送る」「棚上げする」という表現になります。会議ではしばしば使われる表現です。lay a motion on the table という言い方もあります。

❸ We've reached an impasse.

impasse は「難局」や「行き詰まり」という意味。フランス語が語源のこの語は、もともと「袋小路」という意味で、解決策がなくなった状態を指します。それを口に出して言うということは、論点は平行線をたどり、「我々は受け入れられないという結論に達した」ということを伝えています。

❹ Several people have objections, but there seem to be two main reasons.

「いくつも出た」は、we received でも構いません。「いくつも」は、several もしくは a number of でOK。「反対意見」は、objections の他に objecting opinions とも言えます。

127 | 意見を求めるなら、この4フレーズ！

CHAPTER 8　会議
TRACK #25

CHECK

- ❶ これについてどうお考えですか？
- ❷ 何か提案はありますか？
- ❸ 具体的に言うと？
- ❹ では、あなたはこれについてどちらとも言えないということですね？

❶ What do you think about this?

相手に意見を求める時は、いくつかの表現があります。think を使って尋ねる What do you think about this? のほかに、「この件についてあなたのご意見は？」What is your opinion on this? や「あなたのお考えは？」What are your thoughts? などが考えられます。

❷ Do you have any suggestions?

「何か XX はありますか？」と聞く場合、any を使うと自然です。Do you have any suggestions? を Any suggestions? と言ったり、や Do you have any ideas? を Any ideas? と簡略化する言い回しも、日常的に多く言われます。

❸ Specifically?

相手に尋ねる簡潔な言い方です。Specifically? と聞くと具体的な説明を請う表現です。「たとえば？」という意味で、Like what? もいい聞き方です。もしくは相手に詳細を迫る「もっとくわしく教えてください」Tell me more. と言うこともあります。相手は提案内容を説明するでしょう。

❹ So you don't have an opinion about this?

直訳では「では、この件に意見はないですね？」ですが、相手に対し「結論の出し方が積極的でないようだけどいいんですね？」という含みが込められます。

128 | 会議を終わらせるなら、この4フレーズ！

TRACK #25

CHECK
- ❶ 今日決まったことをまとめてみましょう。
- ❷ それではそろそろ終わりにしましょう。
- ❸ 決定事項は一両日中に全社員にメールでお送りします。
- ❹ 皆さん、長時間お疲れ様でした。次回は3か月後の予定です。

❶ Let's summarize what we've decided today.

summarize「要約する」「まとめる」を使った表現です。会議の最後にこういう言い回しは慣用的に使われます。「議論をまとめましょうか」と言うには、「最後の仕上げをする」という意味の finish up を使って、Why don't we finish up our discussion? がいいでしょう。

❷ Are we ready to wrap things up?

wrap up は「(会議などを) 終える」という意味です。ほかの言い方では、「ほかに何もなければ、ここで会議を終わりにしたいと思います」で If there's nothing else, let's end here. と言うこともできます。

❸ I'll e-mail everyone on our decisions within the next couple of days.

「決定事項」は、results や decisions がいいでしょう。「一両日中」には within the next couple of days という言い回しがあります。「メールする」はそのまま動詞の e-mail を使います。

❹ Everyone, it's been a long day. Our next meeting will be in three months.

「長時間お疲れ様でした」は日本語でも常套句です。英語では、1日中拘束しなくても、「長時間の仕事があった」「忙しかった」という意味で a long day「長い1日」を使うことが多いです。Had a long day? と言えば「忙しかった？」「大変だった？」というニュアンスで、ねぎらいの気持ちを含みます。

COLUMN 4

Phrases　会議の定番フレーズ

　ビジネス会議の目的にはさまざまな目的がありますが、ほとんどの会議に chairperson「議長」や facilitator「進行役」、もしくはその両方を兼任している人がいます。このポジションの人間には、意見を促したり、人を制したり、時間内に収めたりなど、会議をしっかりと進行させるための言葉を知っている必要があります。

　会議には、進行によく使われる決まり文句があります。たとえば、Let's get down to business. というフレーズ。get down to で「取りかかる」ですが、get down to business なら「本題に入ろう」という意味になります。会議では、small talk「雑談」の後に使われる常套句です。

　このような決まり文句は、会議のスムーズな進行に役立つので、ぜひ覚えておきましょう。

会議でよく使われる決まり文句

私が本日の会議の進行をつとめます。	I'll be running today's meeting.
それでは、本題に入りましょう。	Let's get down to business.
どんなご意見も歓迎いたします。	We welcome all opinions.
言いたいことを絞って話してください。	Please focus on the topic.
話に割り込まないでください。	Please don't interrupt.
話が逸れてしまったみたいですね。	I think we're off the track.
賛成の方、挙手願います。	All in favor, raise your hand.
多くの進展を見ることができました。	We've made a lot of progress.

プレゼン・商談

会社の説明から
契約書を結ぶ時の言葉まで、
プレゼンや商談に役立つ
言葉をまとめました。
大事なプレゼンや商談を
失敗させないためにも
覚えておきたいフレーズなので
要チェックです。

CHAPTER 9

CHAPTER 9 プレゼン・商談

129 プレゼンを始めるなら、この4フレーズ！

TRACK #26

CHECK
- [ ] ❶ それではプレゼンを始めさせていただきます。
- [ ] ❷ 私のプレゼンのテーマは、新しい店舗構想についてです。
- [ ] ❸ 半年間練ってきた提案です。
- [ ] ❹ きっと顧客も満足できる提案だと思います。

---

❶ Okay, I'd like to begin my presentation now.

「始めます」は、「始めるのでよろしくお願いします」という含みがあります。丁寧に言う時には、こう話す前に簡単な自己紹介をすることもあります。

❷ My presentation is about the new shop concept.

日本語では「プレゼンのテーマは」とよく言いますが、the theme of my presentation is ではちょっと堅苦しいです。is about でじゅうぶん伝わります。「構想」だけなら vision を使うこともありますが、「店舗構想」なら shop concept や store concept が自然でしょう。

❸ I've been working on this proposal for half a year.

「練ってきた」は難しく考えることはありません。I've been working on...「今までずっと～に取り組んできた」ということで、そのニュアンスは伝わります。また、for half a year「半年間」と言っているので、状況は明確です。

❹ I'm sure our customers will like this.

I'm sure を使い、自信を持って相手を満足させられることを伝えることは大事です。I'm sure you'll be satisfied. や I'm sure our customers will be more than satisfied. も強い自信を込めた表現としてよいでしょう。

130 グラフを説明するなら、この4フレーズ！

TRACK #26

CHECK

- ❶ 資料をご覧ください。
- ❷ ご説明いたします。
- ❸ では、こちらのグラフをご覧ください。
- ❹ アンケートは今年3月から6月までの集計です。

---

❶ Let's look at this document.

資料を見てもらう際、Please look at this document. は、丁寧に聞こえそうですが、少し上から目線な印象があります。I'd like you to look at... もいいですが、これもやや堅苦しいので Let's look at... がおすすめです。

❷ Let me explain this.

資料が行き渡ったところで、説明を始めます。let me... の形がよく使われる表現です。「説明」は、explain を使っても tell を使っても言えます。「こちらについて説明させてください」は、Let me tell you about this. となります。

❸ Let's look at this graph.

ちなみに、グラフは各種ありますが、bar graph で「棒グラフ」、pie graph や circle graph で「円グラフ」、line graph で「線グラフ」というように、日本語とほぼ同じです。また、graph を chart に言い換えることもできます。

❹ This is a survey aggregate from March to June of this year.

「アンケート」は「質問調査」のことでフランス語の enquête から来ています。英語では survey もしくは questionnaire と言います。ここでは、結果集計に関して話しているので、aggregate「集計」という語を添えるといいでしょう。

CHAPTER 9　プレゼン・商談

131
TRACK #26

製品を紹介する
なら、この4フレーズ！

CHECK

- [ ] ❶ どうぞお手に取ってご覧ください。

- [ ] ❷ この製品は最新の技術を取り入れています。

- [ ] ❸ 操作はとても簡単です。

- [ ] ❹ 新機能がたくさん追加されています。

---

❶ Go ahead and pick it up, and have a look.

go ahead には「遠慮なく」の意味が含まれています。実際の製品に触れてチェックしてもらう時など、「どうぞ〜してください」という場合によく使われる表現です。pick up で「手に取る」、「〜を見る」は、have a look や take a look と表現します。

❷ This product employs cutting-edge technology.

employ は「雇用する」だけではなく、「取り入れている」という意味にも使われます。「最新の技術」は、この場合「最先端の技術」という意味なので、cutting-edge technology や leading-edge technology が適しています。

❸ It's really easy to operate.

製品の紹介する言い方には、分野によって使う言葉や言い回しが違うでしょうが、たとえば製品が機械ならば、「操作する」と言うのは、operate を使うとしっくりくるでしょう。operation is simple もいい表現です。

❹ It has a lot of new functions.

「機能」は、function や feature が使えます。「追加されている」は、「新しい機能がある」ということなので、have/has でいいでしょう。

132 製品を紹介するなら、この4フレーズ！❷

TRACK #26

CHECK
- ❶ 耐久性に優れています。
- ❷ こちらが当社の一押し商品です。
- ❸ 大変軽量で、持ち運びに便利です。
- ❹ 試していただければ、良さがわかると思います。

❶ It's really durable.

何かが「丈夫で長持ちだ」と言う時には、durable を使うのが自然です。日本語でも「ヘビーデューティー」と使われることのある heavy-duty も似た単語ですが、こちらは過酷な使用にも耐えられる工業用製品などを形容する言葉です。

❷ This is our best product.

「一押しの」は「おすすめする」という意味で、recommend を使い、We recommend this product the best. と言うこともできますが、やや堅い感じがします。シンプルに our best product と言えば伝わります。できる限り、短い言い回しをたくさん覚えることが大切です。

❸ It's very light and easy to carry around.

「軽量の」という形容詞 lightweight はよく使います。カタログやパンフレットなどの詳細には、この単語が適切ですが、口語なら very light でOKです。「持ち運ぶ」は carry でなく、carry around がぴったりくるでしょう。

❹ If you try it, I'm sure you'll realize how good it is.

人にすすめる場合、I think や I suppose ではなく I'm sure で、自信を持って伝えるのがコツです。realize は「〜だと気づく」「実感する」という意味です。

CHAPTER 9 プレゼン・商談

133 値段を交渉するなら、この4フレーズ！
TRACK #26

CHECK

- ❶ 支払い条件は何ですか？

- ❷ もう少し安くなりませんか？

- ❸ ひとつ900ドルでどうですか？

- ❹ 1,000ドルまでしか払えません。

---

❶ What are the payment terms?

個人的な支払方法を尋ねるなら、How I should pay for that? などでいいですが、会社同士の取り決めなら、条件の提示を求めます。「条件」には、オフィシャルな用語である terms を使って表現します。

---

❷ Could you lower the price just a little?

Could you give me a little discount? という聞き方もありますが、もう少しオフィシャルな響きになるよう、「値段を下げる」意味の動詞 lower を使ってみましょう。lower the price (of XX) で「(XXの)値段を下げる」という意味になります。

---

❸ How about 900 dollars each?

具体的な数字を言って交渉する場合、How about...? と始めます。先方が提示した数字に対して言うので、S+Vの文になっていなくても、これだけでじゅうぶんです。「ひとつ」は「ひとつにつき」という意味で、副詞の each を値段の後に添えます。

---

❹ I can't pay any more than 1,000 dollars.

「〜までしか払えない」ということは、「〜以上は払えない」という意味になるので、any more than... と言うことができます。自分の払える最大額を提示する際は、「1,000ドルでどうでしょう？」という言い方で、How about 1,000 dollars? となります。

134 値段を交渉するなら、この4フレーズ！❷

TRACK #26

CHECK
- ❶ 5％安くしてください。
- ❷ 4％値引きしてくれたら手を打ちます。
- ❸ 予算を超えています。
- ❹ この値段では高すぎて無理です。

---

❶ Can you come down by five percent?

「安くする」「まける」は、lower のほかに come down で表現できます。また、fall down や knock down なども使えます。five percent 下げるという時は、by five percent で表せます。

❷ I can say yes to four percent.

こちらから条件を提示して値段を交渉する場合、「〜（という条件）なら承諾します」という文言になりますが、内容が「XX%で」と具体的に進んでいるなら、I can say yes to XX という形で表現できます。「XXで承諾する」つまり「XXで手を打つ」という意味になります。

❸ That's over our budget.

「予算」は、個人、企業、国家のどれでも budget を使います。over budget を副詞的に使った go over budget や、exceed one's budget という言い回しもありますが、be over one's budget でOKです。「予算をはるかに超えている」と言うならば、That's way over our budget. と言えます。

❹ This price is too high.

値段の「高い」は、high を使います。また、「これでは値段が合いません」と言いたい場合、「合わない」は、「受け入れられない」「認められない」という意味なので can't accept を使って We can't accept this price. と表現できます。

CHAPTER 9 プレゼン・商談

135 商談で食い下がるなら、この4フレーズ！
TRACK #27

CHECK
- ❶ この値段をなんとか考え直してもらえませんでしょうか。
- ❷ 手数料をサービスしていただけませんか？
- ❸ 納期を1週間延ばしていいと言ったら安くしてくれますか？
- ❹ 注文数を10％増やすならいかがですか？

---

❶ Could you rethink this price?

条件をよくしてもらうために食い下がることもありますね。その時は、「考え直す」という意味の rethink や think over や reconsider を使ってお願いしましょう。

❷ Could you include the fees?

「手数料」は、fee, charge, commission などの単語があります。charge は、何かをした場合や条件によって加えられる支払料を指し、commission はマージンを取る場合の報酬料も表す単語なので、ここでは一般的に使われる手数料として fee を使うのがよいでしょう。

❸ Would it be cheaper if we gave you one more week to deliver?

条件を出す時、仮定を表す would it be...? が使われることはたびたび紹介していますが、ここでもその形がいいでしょう。if の後にくるのがこちらが提示する条件です。「もし〜ならば」という表現なので、過去形を使い if we gave you... と続きます。

❹ What about increasing the size of our order by 10 percent?

increase the size of... で「〜の規模を大きくする」という意味です。ここでは、order「注文数」の規模を10％大きくするということです。

136 商談を断る
なら、この4フレーズ！

TRACK #27

CHECK
- [ ] ❶ この値段で精一杯です。これ以上は下げられません。
- [ ] ❷ またの機会にさせていただきます。
- [ ] ❸ 申し訳ありませんが、今回はなしということで。
- [ ] ❹ 残念ですが、ご希望には沿いかねます。

❶ This is our final offer. We can't lower the price any further.

きっぱりと限界を告げる時もあります。「精一杯」は「こちらができることはもうない」「これ以上の交渉は受け付けない」というニュアンスなので、That's our final offer. と言えば簡潔に伝わります。ほかには、This is all we could do at this price. と言うことができます。

❷ We'll have to pass this time.

「またの機会」は another opportunity や another chance または another time などと言えそうですが、こちらから交渉の継続を断念したのですから「今回はやめておく」という言い回し pass this time がスマートです。

❸ I'm afraid the answer is no this time.

「今回はない」は、answer is no です。ほかに柔らかく断る表現では、「今回はご期待にお答えできそうもありません」It looks like things aren't going to work out this time. があります。

❹ I'm sorry we couldn't meet your expectations.

終盤の言い方、交渉決裂には謝罪の言葉を入れて丁寧に言いましょう。meet one's expectations で「希望に沿う」という意味です。I'm sorry things didn't work out. という「よいお返事ができずに申し訳ありません」という言い回しもいいでしょう。

CHAPTER 9 プレゼン・商談

137 結論を保留にするなら、この4フレーズ！
TRACK #27

CHECK
- ❶ 上司に相談しておきます。
- ❷ 一度持ち帰らせてください。
- ❸ 会議にかけてからでないとお返事できません。
- ❹ 私の一存ではなんとも申し上げられません。

❶ I'll have to talk with my superiors.

「話をいったん持ち帰ります」という場合、「上司と相談します」は英語でもよく使われる表現です。「上司」は、boss でも通じますが、superior, supervisor がオフィシャルな言い方です。

❷ Let me take this back and look it over.

日本語では「持ち帰る」だけであっても、大事なのは「持ち帰った後に考え直す」という意思表示です。look it over「検討する」というニュアンスの言葉を添えましょう。また、「検討しておきます」なら、I'll think about it. と表現できます。

❸ I need to have a meeting before I answer.

「会議にかけてから返事する」と言わなければならない状況や立場はよくありますし、また、出直す際の言い訳にもなります。「ご返答する前に会議にかける」と言い換えた英語にしましょう。have a meeting before I answer です。

❹ I can't make that decision by myself.

「私の一存」は、on my own responsibility という言い方もありますが、簡単に make a decision by myself で OK です。「権限」という意味の authority を使うならば、「～のような立場ではない」というニュアンスを伝えることができます。

138 契約を結ぶ
なら、この4フレーズ！

TRACK #27

CHECK
- ❶ 契約書をお送りください。
- ❷ この契約は5年間有効です。
- ❸ 契約書にサインしてください。
- ❹ 契約書に付け加えたい条文があります。

---

❶ Could you send me the contract?

商談が成立し、契約書を交わすことにこぎつけたら、contract という語が飛び交います。仮契約などで使う「ひな型」は、「おおよその原稿を書く」という意味のdraftを使って表現できます。

❷ This contract is effective for five years.

契約の有効期限の確認は大事ですね。契約書の記載事項を読みながら言及します。be effective for は「〜の間は有効である」。また、This contract is good for five years. とも言えます。

❸ Could you sign the contract?

「この内容でよろしければここにサインしてください」と言う場合は、If everything is in order, please sign right here. です。in order は「正しくできている」「適切な」のという意味。また、「この内容でよろしければはんこを押してください」なら、If everything is in order, please stamp it. となります。

❹ I'd like to add a clause to the contract.

「付け加える」は、add でいいでしょう。clause は「条文」の意味です。article「条項」の中に clause があります。

CHAPTER 9 プレゼン・商談

139 会社概要を説明するなら、この4フレーズ！
TRACK #27

CHECK

- ❶ 当社は1988年に設立されました。
- ❷ 業界では比較的新しい会社です。
- ❸ 我が社は情報処理を主な仕事としています。
- ❹ 当社はABC社のコンピューター部門から独立しました。

---

❶ Our company was established in 1988.

「当社」や「弊社」は our company とシンプルに表せます。会社の設立年などを伝える場合は、was established と受動態にするのが自然です。年数だけではなく日付まで入れたいのであれば、on August 20, 1988「1988年8月20日に」のように言えばよいでしょう。

❷ We're relatively new in this field.

「比較的」という日本語は、特に比較するものを提示せずとも言う言葉で「相対的」というニュアンスです。英語にすると、実際に何かと比較する時に使う comparatively よりも relatively が適しています。「業界」は business field と言いますが、field だけでも伝わります。

❸ Our company's main focus is information processing.

会社の主要業務を説明する際、「業務」には、duties や operation, service などの語が思い浮かぶかもしれませんが、duties は「職務」に近く、operation や service は実際の作業を表す語として使われます。「重点的な取り組み」という意味で、main focus が最も適した言葉です。

❹ Before becoming independent, we were the Computer Division of ABC.

日本語をそのまま文にすると、ぎこちなくなることがあります。「〜から独立した」という言葉は、「〜から独立する前は」の before becoming independent という言い回しで説明することができます。

140 会社の特徴を説明するなら、この4フレーズ！

TRACK #27

CHECK

- ❶ 約20か国に製品を輸出しています。
- ❷ 代理店は国内に7店舗あります。
- ❸ 今年の売り上げは2億円を目標にしています。
- ❹ 当社の親会社の昨年の売り上げは100億円でした。

---

❶ We export products to about 20 countries.

「製品を輸出する」は export products です。「約20か国」は about 20 countries で OK ですが、as many as 20 countries とすると「20か国もの」という意味になり、輸出している国の「多さ」を表すことができるので覚えておきましょう。

❷ We have seven agencies in Japan.

「代理店」は agency と言います。「代理店があります」は we have agencies でいいでしょう。「国内に」は、「全国的に」というニュアンスの throughout the country や nationwide でもいいですが、シンプルに in Japan でも OK です。

❸ Our sales target for this year is 200 million yen.

この場合は「売り上げ目標は2億円です」の意味になります。「目標」を表す英語はいろいろありますが、このような数値目標のように具体的な場合は target になります。「2億円」200 million のように大きな数字になると、普段はあまり使わないかもしれませんが、すぐに言えるようにしておきましょう。

❹ Last year our parent company's sales were 10 billion yen.

英語では自社を表す場合は、we, our, us で表します。「親会社」は parent company ですが、「子会社」は child company ではなく subsidiary と言います。

COLUMN 5

Terms プレゼンや商談でよく使う用語

　通常の会話では簡単な言い回しができても、プレゼンや商談となると専門用語が必要になります。ここでは、プレゼンや商談でよく使われる、一般的な用語を紹介します。会社の損益に関わることなので、用語をしっかり把握しておくことが大切です。業種によって異なる用語もあると思いますが、これらを参考にして、プレゼンや商談に臨むと良いでしょう。

プレゼンや商談でよく使う用語

基本方針	basic principle
全体像、全容	overall picture
事業展開	business operation
売上高、販売数	sales volume
薄利多売	small profits and quick returns (略SPQR)
最低発注量	minimum order quantity
説明会	briefing session
売れ筋商品	strong seller
掛率	ratio of wholesale price to retail price
小売施設、小売店	retail facility
市場分析	market analysis
小売価格	retail price
運賃込みの価格	cost and freight
追加注文	additional order
生産期間	production period

面接

面接をする方とされる方、
それぞれの立場から使える
フレーズをまとめました。
就活中、人事部に勤めている、
転職を考えているといった時に、
覚えていると便利なフレーズを
紹介します。

CHAPTER 10

CHAPTER 10 面接

141 求人について聞く
なら、この4フレーズ！

TRACK #28

CHECK

☐ ❶ 求人の件でお電話しました。

☐ ❷ まだ求人はしていますか？

☐ ❸ 履歴書をお送りしたいのですが。

☐ ❹ 面接にいつならお伺いできますか？

---

❶ I'm calling in response to the help-wanted ad.

求人広告を見て応募したという電話なので、「〜に応えて」「〜に反応して」という意味の in response to... を使います。ここでは広告の媒体はわかりませんが、もし新聞に出ていたならば「新聞を見て」in response to your ad in the paper. となります。

❷ Is the position still open?

募集期間がまだ残っていても、場合によって締め切ってしまうこともあります。open を使うと「空きがある」つまり「求人をしている」という表現になります。ほかには、Do you still have the job offer? や Has employee recruiting finished? などがあります。

❸ I'd like to send you my resume.

「英語の履歴書が必要ですか？」は、Would you like an English resume? と表現できます。「英文履歴書」は English resume で OK ですが、オフィシャルな言い方では CV (Curriculum Vitae) と表現することが多いので覚えておきましょう。

❹ When can I visit you for an interview?

When would be a good time to come in for an interview? でも OK ですが、このように visit you や visit your company を使って言うのもいい表現です。

142 求人について聞くなら、この4フレーズ！❷

TRACK #28

CHECK
- ❶ 就業時間は何時から何時までですか？
- ❷ 運転免許は必要ですか？
- ❸ どのような人材を求めているのでしょうか？
- ❹ 勤務地はどこになりますか？

❶ What are the work hours?

work hours で「勤務時間」「就業時間」の意味になります。「勤務地はどこですか？」なら Where's the workplace?、「勤務はいつからになりますか？」は When will the job start? と聞けばOKです。

❷ Do I need a driver's license?

運転免許が必要な場合もあるので、先に聞く場合もあります。「運転免許証」は、driver's license でOKです。「〜は必要ですか？」の問いは、Do I need...? のほかに、Is a driver's license necessary? と言ってもいいでしょう。

❸ What kind of skills are you looking for?

「どのような人材」とは「どのような（技能を持った）人」ということなので、what kind of skills または what kind of person と聞けばいいでしょう。また、もしこの採用が正社員かどうかの確認したければ、It is a full-time position, right? と尋ねます。正社員でなければ、part-time です。

❹ Where would I be working?

「勤務地」は、workplace, working place, work location などの表現がありますが、「私はどこで働くことになりますか？」と尋ねればOKです。

CHAPTER 10 面接

143 職務について聞くなら、この4フレーズ！

TRACK #28

CHECK
- ❶ 具体的には、どのような職務をこなすことになるのでしょうか？
- ❷ 研修期間は設けてありますか？
- ❸ 配属後、業務内容は変わりませんか？
- ❹ 前職と少し違う分野ですが問題ありませんか？

---

❶ What would my duties be?

「職務」は通常、複数形で duties が使われます。「どのような職務をするか」という文は、このように What would my duties be? または What kind of duties would I do? と言ってもいいでしょう。

---

❷ Do you have training opportunities?

「研修期間」は多くの企業で用意されています。training opportunities もよく使われますが、training period や training time も一般的です。Do you offer training opportunities? という聞き方をしてもいいでしょう。

---

❸ After my assignment, would my duties change?

「配属後」は文の最後につけても構いませんが、カンマで切って文頭に置くのもいい表現です。「変わりませんか？」は「変わりますか？」でも聞きたいことは同じなので、否定形にしなくても同じ意味になります。

---

❹ It's a little different from my previous job. Would that be okay?

「違う分野です」は、「分野」にこだわらず「違う仕事です」と言うことでOKです。different from を使いますが、アメリカではしばしば different than も使われるので、覚えておくとよいでしょう。

144 | 面接の予約をする なら、この4フレーズ！

TRACK #28

CHECK
- ❶ 御社の場所は、日本橋と大手町のどちらの駅のほうが近いですか？
- ❷ はい、面接時間は3時からで大丈夫です。
- ❸ 前職の時の作品を持参してよろしいでしょうか？
- ❹ タイピングのテストはありますか？

---

❶ Which station is closer to your office, Nihonbashi or Otemachi?

面接の場所を確認しておくと安心です。Which is closer to your office, Nihonbashi or Otemachi Station? と言ってもいいでしょう。

❷ Yes, I'm available for an interview from 3:00.

会社から告げられた時間に対し、「大丈夫です」ということは「対応できます」という意味です。オフィシャルに適した be available for... を使いましょう。I'm available to come at 3:00. と言い換えることができます。

❸ Could I bring examples of my work from my previous job?

経験とスキルを見てもらうために、自らこう申し出ることも時には大切です。「前職」は previous job や former job で表せます。「作品」は通常 works と言えますが、面接では some examples がいいでしょう。複数のものをまとめたものとして portfolio を使うこともあります。

❹ Will there be a typing test?

「タイピングのテスト」は a typing test が自然ですが、a test for typing と言うことも可能です。

CHAPTER 10　面接

145 | 面接の部屋へ入る
なら、この4フレーズ！

TRACK #28

CHECK
- ❶ 失礼します。3時から面接の約束をしている吉永です。
- ❷ 本日は、面接のお時間をいただきありがとうございます。
- ❸ こちらが履歴書です。
- ❹ 本日はよろしくお願いします。

❶ Hello, I'm Yoshinaga.
I'm scheduled for an interview from 3:00.

部屋に入る時は、Excuse me. と言うのもいいですが、このように自分の印象を見てもらう面接なので、明るく「こんにちは」の含みをもたせるのもいいでしょう。be scheduled で「予定された」「約束をしてある」という意味に使えます。

❷ Thank you for talking to me today.

Thank you for interviewing me today. という意味の内容をすっきりと滑らかに伝えるには、interviewing を talking に変えて言うのもおすすめです。

❸ I brought a copy of my resume.

Here's my resume. と出すのは若干早く、まず、「履歴書をお持ちしました」と言うのがスマートです。「履歴書」は、my resume だけでもいいですが、a copy of my resume と言ったほうがオフィシャルです。この copy は「写し」という意味ではなく1部という意味です。

❹ I've been looking forward to meeting you.

「よろしくお願いいたします」と全く同じ意味の英語はありません。ここでは、「仕事を得られたら頑張ります」くらいのポジティブな印象が伝わるように、I've been looking forward to meeting you. がいいでしょう。

146 | 自己紹介をする なら、この4フレーズ！

TRACK #29

CHECK
- ❶ 先月までABC社で経理を担当しておりました。
- ❷ 1年間の産休を終え、キャリアアップのために御社に応募しました。
- ❸ 6年間のアメリカ留学の経験があります。
- ❹ 私はABC大学3年生です。

❶ Until last month, I was in charge of accounting at ABC.

「～を担当する」の be in charge of... はほかでも何度も出てきている言葉です。ビジネスでは必須の言葉なので。「経理を担当している」は、be in charge of accounting となります。継続を表す過去完了形にしなくても、過去形で構いません。

❷ After one year of maternity leave, I applied here to advance my career.

出産のため、いったん職場を離れることもあります。「産休」は、maternity leave「出産休暇」と言います。産休を設けていた企業にいたことを伝えるのは、自分の評価の基準になるいいチャンスでもあります。

❸ I studied abroad in the US for six years.

面接では、留学経験にふれることもあるかもしれません。「XXで留学する」は、study abroad in XX を使います。「経験がある」は、無くても構いませんが、have experience を使っても言えます。

❹ I'm a third-year student at ABC University.

「大学3年生」は a third-year student at XX University となります。「文学部」を添えるならば、大学名の前に、the Department of Literature at を入れます。

CHAPTER 10 面接

147 志望動機を説明するなら、この4フレーズ！

TRACK #29

CHECK

① 御社の製品を愛用しており、仕事内容に興味を持ちました。

② 若い社員の提案を取り入れるという、御社に興味がありました。

③ 同じ分野で培った5年間の経験を、御社で生かしたいと思いました。

④ 御社の新プロジェクトに携わりたいと思っております。

---

① **I love your products, and the work content interests me.**

面接では、応募した理由を聞かれますね。その会社の製品の感想やかかわりを話すのは効果的です。その製品が自分に（会社の）興味を持たせたというストーリーはいい印象になるので、ちゃんと伝わるように。work content「会社の製品」、interests me「私に興味を持たせた」を使いましょう。

② **I'm interested because you value suggestions from young employees.**

「提案を取り入れて」とはつまり「提案を評価して」ということになります。value suggestions を使うと、take suggestions よりも深い表現になるので、覚えておきましょう。

③ **I'd like to utilize my five years of experience in this field.**

「生かす」は utilize を使います。use に置き換えることもできそうですが、use が一般的に「使う」という意味に対し、utilize は「有効活用する」という意味になるので、ここではこちらを使います。「培った」は「経験」を修飾する言葉ですが、英語では experience だけで充分通じます。

④ **I'd like to be involved in new projects.**

「プロジェクトに携わりたい」と意欲を見せることは大切ですね。「携わる」は、ここでは「かかわる」「巻き込まれる」という意味の be involved を使います。

148 | 相手について聞く
なら、この4フレーズ！

TRACK #29

CHECK
- [ ] ❶ 職歴について簡潔に述べてください。
- [ ] ❷ どちらの大学を卒業されましたか？
- [ ] ❸ あなた自身について話してください。
- [ ] ❹ 外国語は何か話せますか？

❶ Could you summarize your work experience?

「簡潔にする」は「要約する」「簡単に説明する」ということなので、summarize を使って表現します。「職歴」は、work experience のほか、employment history や employment history と表現できます。summarizeには「簡潔に述べる」の意味が含まれています。

❷ Where did you go to college?

「出身校はどこですか？」と聞いていますが、それに関して、「あなたは何を勉強しましたか？」What did you study at in college? や「あなたの専門は？」What did you major in? と聞くこともよくあります。

❸ Tell me about yourself.

job interview では必ず聞く質問の決まり文句です。漠然とした聞き方のようですが、これは、企業にとってその人物が有益な人物かどうかを見極める大事な機会なので、うまく引き出せるようプレッシャーをかけずに尋ねましょう。

❹ Do you know any foreign languages?

Do you speak...? でなく Do you know...? だと柔らかい聞き方になります。一方、語学力を求めている募集の場合には、やや堅苦しいですが、What foreign languages are you skilled in? と尋ねることもできます。

CHAPTER 10 面接

149 相手について聞くなら、この4フレーズ！❷
TRACK #29

CHECK

- [ ] ❶ あなたの長期的な目標は何ですか？
- [ ] ❷ 収入はどれくらいご希望ですか？
- [ ] ❸ 履歴書を拝見させてください。
- [ ] ❹ 仕事のサンプルは持ってこられましたか？

❶ What are your long-term goals?

「数値目標」などのような「具体的な目標」はtargetですが、「長期目標」とか「将来達成したい到達点」「最終目標」などはgoalとなります。「短期目標」はshort-term goals「中期目標」は mid-term goalsと言います。

❷ How much were you hoping to earn?

あえて過去形で尋ねるのは、「面接に来るまでにどのくらいの額を考えていましたか？」という意味でもあります。つまり、「あなたは自分自身の価値をどう評価していますか？」という婉曲表現です。

❸ Could I see your resume?

Do you have a copy of your resume? や Did you bring a resume? でもOKです。面接の際にはほぼ必ず使うことになると思いますので、そのまま覚えてしまいましょう。

❹ Did you bring samples of your work?

仕事のサンプルは、採用の際のいい参考になります。もし前職や、過去にやった「仕事のサンプル」を見せてもらうならば、samples of previous work または、完了形を使って、samples of work you've done と表現します。

150 │ 相手について聞くなら、この4フレーズ！❸

TRACK #29

CHECK
- ❶ 前のお仕事を退職された理由は？
- ❷ パソコンの操作は得意ですか？
- ❸ いつから始められますか？
- ❹ あなたの長所と短所をひとつずつ教えてください。

❶ Why did you leave your previous job?

応募者がいることは企業にとってうれしいですが、前職を去った理由も気になるところです。「退職する」は leave the conmpany や quit one's job を使いますが、退職理由を尋ねるときには、quit よりも leave と尋ねるほうが適切です。

❷ Are you comfortable using computers?

パソコンの扱いに関しては必ず聞くものです。「〜が得意である」という意味の be good at operating computers はややストレート過ぎます。be comfortable using computers「パソコン操作を苦に感じないか？」という聞き方がスマートです。

❸ When would you be able to start?

「さて、こちらの条件は伝えましたが、あなたのほうはどうですか？ いつから働けますか？」という意味でこう尋ねるのが通例です。When can you start working? でもOKです。

❹ Could you tell me one of your strengths and one of your weaknesses?

What would you say...? と言うこともできますが、「あなたなら何と言う？」「あなたはどう考える？」といったような、やや相手を試しているニュアンスになってしまいます。シンプルに Could you tell me...? と言えばOKです。

CHAPTER 10 面接

151 面接を終わらせるなら、この4フレーズ！

TRACK #29

CHECK

☐ ❶ 今週末には結果をご連絡します。

☐ ❷ 選考を通った方のみ連絡を差し上げています。

☐ ❸ 最初の3か月間は試用期間とさせていただきます。

☐ ❹ 面接にお越しいただきありがとうございました。

---

❶ We'll inform you of our decision by the end of the week.

面接の最後は、結果通知の予告です。「結果」は、result ですが、ここでは採用に関する結果なので、our decision が自然でしょう。「報告する」は inform です。We should have a decision by the end of the week. という言い方もあります。

❷ We will only be contacting the candidates that pass.

「選考を通った方」は「合格した候補者」として pass candidates や「当方が選んだ候補者」という意味で、selected candidates や the person we select などと言えます。「連絡する」は、contact を使いましょう。

❸ We have a three-month probation period.

「試用期間」は probation period、または trial period、もしくはひと言で probation です。「3か月間」は three months ですが、ここでは three-month と言っています。これは、「3か月間の」という形容詞的用法になるため、ハイフンを入れ、month を単数にしているのです。

❹ Thank you for coming in for the interview.

応募者に対してひと言言うのは礼儀です。遠いところから来ていなくても Thank you for coming all this way for the interview. というのもいいでしょう。「お疲れ様でした」という含みも感じられるでしょう。

MEMO 気付いたことや、覚えておきたいことを、
このページに書きとめておきましょう。

聞くだけで
ネイティブに伝わる
ビジネス英語を
身につける
CDブック

発行日　2015年10月27日　第1刷

著者	デイビッド・セイン
ナレーション	Esther Thirimu、小林奈々子
デザイン	細山田光宣＋木寺梓（細山田デザイン事務所）
イラスト	中野きゆ美
編集協力	有坂ヨーコ（A to Z）
校正	中山祐子、Richard Mort
CD制作	財団法人 英語教育協議会（ELEC）
編集担当	舘瑞恵
編修アシスタント	森川華山
営業担当	熊切絵理
営業	丸山敏生、増尾友裕、石井耕平、菊池えりか、伊藤玲奈、綱脇愛、櫻井恵子、吉村寿美子、田邊曜子、矢橋寛子、大村かおり、高垣真美、高垣知子、柏原由美、菊山清佳、大原桂子、矢部愛、寺内未来子
プロモーション	山田美恵、浦野稚加
編集	柿内尚文、小林英史、杉浦博道、伊藤洋次、栗田亘、片山緑
編集総務	鵜飼美南子、高山紗耶子、高橋美幸
メディア開発	中原昌志、池田剛
講演事業	齋藤和佳、高間裕子
マネジメント	坂下毅
発行人	高橋克佳

発行所　株式会社アスコム
〒105-0002
東京都港区愛宕1-1-11　虎ノ門八束ビル
編集部　TEL：03-5425-6627
営業部　TEL：03-5425-6626　FAX：03-5425-6770

印刷・製本　中央精版印刷株式会社

©A to Z Co., LTD　株式会社アスコム
Printed in Japan ISBN 978-4-7762-0891-4

本書は著作権上の保護を受けています。本書の一部あるいは全部について、株式会社アスコムから文書による許諾を得ずに、いかなる方法によっても無断で複写することは禁じられています。

落丁本、乱丁本は、お手数ですが小社営業部までお送りください。
送料小社負担によりお取り替えいたします。定価はカバーに表示しています。